ORIENT ET OCCIDENT

RENÉ GUÉNON

© 2024, René Guénon (domaine public)
Édition: BoD Books on Demand GmbH, In de Tarpen 42, 22848 Norderstedt (Allemagne)
Impression: Libri Plureos GmbH, Friedensallee 273, 22763 Hamburg (Allemagne)
ISBN: 978-2-3225-4014-3
Dépôt légal : Septembre 2024

TABLE DES MATIÈRES

Avant-propos

Illusions occidentales
1. CIVILISATION ET PROGRÈS
2. LA SUPERSTITION DE LA SCIENCE
3. LA SUPERSTITION DE LA VIE
4. TERREURS CHIMÉRIQUES ET DANGERS RÉELS

Possibilités de rapprochement
1. TENTATIVES INFRUCTUEUSES
2. L'ACCORD SUR LES PRINCIPES
3. CONSTITUTION ET RÔLE DE L'ÉLITE
4. ENTENTE ET NON-FUSION

Conclusion

ADDENDUM

AVANT-PROPOS

Rudyard Kipling a écrit un jour ces mots : *East is East and West is West, and never the twain shall meet*, « L'Orient est l'Orient et l'Occident est l'Occident, et les deux ne se rencontreront jamais. » Il est vrai que, dans la suite du texte, il modifie cette affirmation, admettant que « la différence disparaît lorsque deux hommes forts se trouvent face à face après être venus des extrémités de la terre », mais, en réalité, même cette modification n'est pas très satisfaisante, car il est fort peu probable qu'il ait songé là à une « force » d'ordre spirituel. Quoi qu'il en soit, l'habitude est de citer le premier vers isolément, comme si tout ce qui restait dans la pensée du lecteur était l'idée de la différence insurmontable exprimée dans ce vers ; on ne peut douter que cette idée représente l'opinion de la plupart des Européens, et on y sent percer tout le dépit du conquérant qui est obligé d'admettre que ceux qu'il croit avoir vaincus et soumis portent en eux quelque chose sur quoi il ne saurait avoir aucune prise. Mais, quel que soit le sentiment qui peut avoir donné naissance à une telle opinion, ce qui nous intéresse avant tout, c'est de savoir si elle est fondée, ou dans quelle mesure elle l'est. Assurément, à considérer l'état actuel des choses, on trouve de multiples indices qui semblant la justifier ; et pourtant, si nous étions entièrement de cet avis, si nous pensions qu'aucun rapprochement n'est possible et ne le sera jamais, nous n'aurions pas entrepris d'écrire ce livre.

Nous avons conscience, plus que personne autre peut-être, de toute la distance qui sépare l'Orient et l'Occident, l'Occident moderne surtout ; du reste, dans notre Introduction générale à l'étude des doctrines hindoues, nous avons particulièrement insisté sur les différences, à tel point que certains ont pu croire à quelque exagération de notre part. Nous sommes cependant persuadé que nous n'avons rien dit qui ne fût rigoureusement exact : et nous envisagions en même temps, dans notre conclusion, les conditions d'un rapprochement intellectuel qui, pour être vraisemblablement assez lointain, ne nous en apparaît pas moins comme possible. Si donc nous nous élevions contre les fausses assimilations qu'ont tentées certains Occidentaux, c'est qu'elles ne sont pas un des moindres obstacles qui s'opposent à ce rapprochement : quand on part d'une conception erronée, les résultats vont souvent à l'encontre du but qu'on s'est proposé. En refusant de voir les choses telles qu'elles sont et de reconnaître certaines différences présentement irréductibles, on se condamne à ne rien comprendre de la mentalité orientale, et ainsi on ne fait qu'aggraver et perpétuer les malentendus, alors qu'il faudrait s'attacher avant tout à les dissiper. Tant que les Occidentaux s'imagineront qu'il n'existe qu'un seul type d'humanité, qu'il n'y a qu'une « civilisation » à divers degrés de développement, nulle entente ne sera possible. La vérité, c'est qu'il y a des civilisations multiples, se déployant dans des sens fort différents, et que celle de l'Occident moderne présente des caractères qui en font une exception assez singulière. On ne devrait jamais parler de supériorité ou d'infériorité d'une façon absolue, sans préciser sous quel rapport on envisage les choses que l'on veut comparer, en admettant même qu'elles soient effectivement comparables. Il n'y a pas de civilisation qui soit supérieure aux autres sous tous les rapports, parce qu'il n'est pas possible à l'homme d'appliquer également, et à la fois, son activité dans toutes les directions, et parce qu'il y a des développements qui apparaissent comme véritablement incompatibles. Seulement, il est permis de penser qu'il y a une certaine hiérarchie à observer, et que les choses de l'ordre intellectuel, par exemple, valent plus que celles de l'ordre matériel ; s'il en est ainsi, une civilisation qui se montre inférieure sous le premier rapport, tout en étant incontestablement supérieure sous le second, se trouvera encore désavantagée dans l'ensemble, quelles que puissent être les apparences extérieures ; et tel est le cas de la civilisation occidentale, si on la compare aux civilisations orientales. Nous savons bien que cette façon de voir choque la grande majorité des Occidentaux, parce qu'elle est contraire à tous leurs préjugés ; mais, toute question de supériorité à part, qu'ils veuillent bien admettre du moins que les choses auxquelles ils attribuent la plus grande importance n'intéressent pas forcément tous les hommes au même degré, que certains peuvent même les tenir pour parfaitement négligeables, et qu'on peut faire preuve d'intelligence autrement qu'en construisant des machines. Ce serait déjà quelque chose si les Européens arrivaient à comprendre cela et se comportaient en conséquence ; leurs relations avec les autres peuples s'en trouveraient quelque peu modifiées, et d'une façon fort avantageuse pour tout le monde.

Mais ce n'est que le coté le plus extérieur de la question : si les Occidentaux reconnaissaient que tout n'est pas forcément à dédaigner dans les autres civilisations pour la seule raison qu'elles diffèrent de la leur, rien ne les empêcherait plus d'étudier ces civilisations comme elles doivent l'être, nous voulons dire sans parti pris de dénigrement et sans hostilité préconçue ; et alors certains d'entre eux ne tarderaient peut-être pas à s'apercevoir, par cette étude, de tout ce qui leur manque à eux-mêmes, surtout au point de vue purement intellectuel. Naturellement, nous supposons que ceux-là seraient parvenus, dans une certaine mesure tout au moins, à la compréhension véritable de l'esprit des différentes civilisations, ce qui demande autre chose que des travaux de simple érudition ; sans doute, tout le monde n'est pas apte à une telle compréhension, mais, si quelques-uns le sont, comme c'est probable malgré tout, cela peut suffire pour amener tôt ou tard des résultats inappréciables. Nous avons déjà fait allusion au rôle que pourrait jouer une élite intellectuelle, si elle arrivait à se constituer dans le monde occidental, où elle agirait à la façon d'un « ferment » pour préparer et diriger dans le sens le plus favorable une transformation mentale qui deviendra inévitable un jour ou l'autre, qu'on le veuille ou non. Certains commencent d'ailleurs à sentir plus ou moins confusément que les choses ne peuvent continuer à aller indéfiniment dans le même sens, et même à parler, comme d'une possibilité, d'une « faillite » de la civilisation occidentale, ce que nul n'aurait osé faire il y a peu d'années ; mais les vraies causes qui peuvent provoquer cette faillite semblent encore leur échapper en grande partie. Comme ces causes sont précisément, en même temps, celles qui empêchent toute entente entre l'Orient et l'Occident, on peut retirer de leur connaissance un double bénéfice : travailler à préparer cette entente, c'est aussi s'efforcer de détourner les catastrophes dont l'Occident est menacé par sa propre faute, ces deux buts se tiennent de beaucoup plus près qu'on ne pourrait le croire. Ce n'est donc pas faire œuvre de critique vaine et purement négative que de dénoncer, comme nous nous le proposons ici encore en premier lieu, les erreurs et les illusions occidentales ; il y a à cette attitude des raisons autrement profondes, et nous n'y apportons aucune intention « satirique », ce qui, du reste, conviendrait fort peu à notre caractère ; s'il en est qui ont cru voir chez nous quelque chose de ce genre, ils se sont étrangement trompés. Nous aimerions bien mieux, pour notre part, n'avoir point à nous livrer à ce travail plutôt ingrat, et pouvoir nous contenter d'exposer certaines vérités sans avoir jamais à nous préoccuper des fausses interprétations qui ne font que compliquer et embrouiller les questions comme à plaisir ; mais force nous est de tenir compte de ces contingences, puisque, si nous ne commençons par déblayer le terrain, tout ce que nous pourrons dire risquera de demeurer incompris. Du reste, là même où nous semblons seulement écarter des erreurs ou répondre à des objections, nous pouvons cependant trouver l'occasion d'exposer des choses qui aient une portée vraiment positive ; et, par exemple, montrer pourquoi certaines tentatives de rapprochement entre l'Orient et l'Occident ont échoué, n'est-ce pas déjà faire entrevoir, par contraste, les conditions auxquelles une pareille entreprise serait susceptible de réussir ? Nous espérons donc qu'on ne se méprendra pas sur nos intentions, et, si nous ne cherchons pas à dissimuler les difficultés et les obstacles, si nous y insistons au contraire, c'est que, pour pouvoir les aplanir ou les surmonter, il faut avant tout les connaître. Nous ne pouvons nous arrêter à des considérations par trop secondaires, nous demander ce qui plaira ou déplaira à chacun ; la question que nous envisageons est autrement sérieuse, même si l'on se borne à ce que nous pouvons appeler ses aspects extérieurs, c'est-à-dire à ce qui ne concerne pas l'ordre de l'intellectualité pure.

    Nous n'entendons pas, en effet, faire ici un exposé doctrinal, et ce que nous dirons sera, d'une manière générale, accessible à un plus grand nombre que les points de vue que nous avons traités dans notre *Introduction générale à l'étude des doctrines hindoues*. Cependant, cet ouvrage même n'a nullement été écrit pour quelques « spécialistes » ; s'il en est que son titre a induits en erreur à cet égard, c'est parce que ces questions sont d'ordinaire l'apanage des érudits, qui les étudient d'une façon plutôt rebutante et, à nos yeux, sans intérêt véritable. Notre attitude est tout autre : il s'agit essentiellement pour nous, non d'érudition, mais de compréhension, ce qui est totalement différent : ce n'est point parmi les « spécialistes » que l'on a le plus de chances de rencontrer les possibilités d'une compréhension étendue et profonde, loin de là, et, sauf de bien rares exceptions, ce n'est pas sur eux qu'il faudrait compter pour former cette élite intellectuelle dont nous avons parlé. Il en est peut-être qui ont trouvé mauvais que nous attaquions l'érudition, ou plutôt ses abus et ses dangers, quoique nous nous soyons abstenu soigneusement de tout ce qui aurait pu présenter un caractère de polémique ; mais une des raisons pour lesquelles nous l'avons fait, c'est précisément que cette érudition, avec ses méthodes spéciales, a pour effet de détourner de certaines choses ceux-là mêmes qui seraient le plus capables de les comprendre. Bien des gens, voyant qu'il s'agit des doctrines hindoues, et pensant aussitôt aux travaux de quelques orientalistes, se disent que « cela n'est pas pour eux » ; or il en est certainement qui ont grand tort de penser ainsi, et à qui il ne faudrait pas beaucoup d'efforts, peut-être, pour acquérir des connaissances qui font et feront toujours défaut à ces mêmes orientalistes : l'érudition est une chose, le savoir réel en est une autre, et, s'ils ne sont pas toujours incompatibles, ils ne sont point nécessairement solidaires. Assurément, si l'érudition consentait à se tenir au rang d'auxiliaire qui doit lui revenir normalement, nous n'y trouverions plus rien à redire, puisqu'elle cesserait par là même d'être dangereuse, et qu'elle pourrait d'ailleurs avoir quelque utilité ; dans ces limites, nous reconnaîtrions donc très volontiers sa valeur relative. Il y a des cas où la « méthode historique » est légitime, nais l'erreur contre laquelle nous nous sommes élevé consiste à croire qu'elle est applicable à tout, et à vouloir en tirer autre chose que ce qu'elle peut donner effectivement ; nous pensons avoir montré ailleurs , et sans nous mettre le moins du monde en contradiction avec nous-même, que nous sommes capable, lorsqu'il le faut, d'appliquer cette méthode tout aussi bien qu'un autre, et cela devrait suffire à prouver que nous n'avons point de parti pris. Chaque question doit être traitée suivant la méthode qui convient à sa nature ; c'est un singulier phénomène que cette confusion des divers ordres et des divers domaines dont l'Occident actuel nous donne habituellement le spectacle. En somme, il faut savoir mettre chaque chose à sa place, et nous n'avons jamais rien dit d'autre ; mais, en faisant ainsi, on s'aperçoit forcément qu'il est des choses qui ne peuvent être que secondaires et subordonnées par rapport à d'autres, en dépit des manies « égalitaires » de certains de nos contemporains ; et c'est ainsi que l'érudition, là même où elle est valable, ne saurait jamais constituer pour nous qu'un moyen, et non une fin en elle-même.

Ces quelques explications nous ont paru nécessaires pour plusieurs raisons : d'abord, nous tenons à dire ce que nous pensons d'une façon aussi nette qu'il nous est possible, et à couper court à toute méprise s'il vient à s'en produire malgré nos précautions, ce qui est à peu près inévitable. Tout en reconnaissant généralement la clarté de nos exposés, on nous a prêté parfois des intentions que nous n'avons jamais eues ; nous aurons ici l'occasion de dissiper quelques équivoques et de préciser certains points sur lesquels nous ne nous étions peut-être pas suffisamment expliqué précédemment. D'autre part, la diversité des sujets que nous traitons dans nos études n'empêche point l'unité de la conception qui y préside, et nous tenons aussi à affirmer expressément cette unité, qui pourrait n'être pas aperçue de ceux qui envisagent les choses trop superficiellement. Ces études sont même tellement liées entre elles que, sur bien des points que nous aborderons ici, nous aurions dû, pour plus de précision, renvoyer aux indications complémentaires qui se trouvent dans nos autres travaux ; mais nous ne l'avons fait que là où cela nous a paru strictement indispensable, et, pour tout le reste, nous nous contenterons de cet avertissement donné une fois pour toutes et d'une façon générale, afin de ne pas importuner le lecteur par de trop nombreuses références. Dans le même ordre d'idées, nous devons encore faire remarquer que, quand nous ne jugeons pas à propos de donner à l'expression de notre pensée une tournure proprement doctrinale, nous ne nous en inspirons pas moins constamment des doctrines dont nous avons compris la vérité : c'est l'étude des doctrines orientales qui nous a fait voir les défauts de l'Occident et la fausseté de maintes idées qui ont cours dans le monde moderne ; c'est là, et là seulement, que nous avons trouvé, comme nous avons eu déjà l'occasion de le dire ailleurs, des choses dont l'Occident ne nous a jamais offert le moindre équivalent.

Dans cet ouvrage pas plus que dans les autres, nous n'avons aucunement la prétention d'épuiser toutes les questions que nous serons amené à envisager ; on ne peut, à ce qu'il nous semble, nous faire grief de ne pas mettre tout dans un seul livre, ce qui nous serait d'ailleurs tout à fait impossible. Ce que nous ne ferons qu'indiquer ici, nous pourrons peut-être le reprendre et l'expliquer plus complètement ailleurs, si les circonstances nous le permettent ; sinon, cela pourra du moins suggérer à d'autres des réflexions qui suppléeront, d'une façon très profitable pour eux, aux développements que nous n'aurons pu apporter nous-même. Il est des choses qu'il est parfois intéressant de noter incidemment, alors même qu'on ne peut s'y étendre, et nous ne pensons pas qu'il soit préférable de les passer entièrement sous silence ; mais, connaissant la mentalité de certaines gens, nous croyons devoir avertir qu'il ne faut voir là rien d'extraordinaire. Nous ne savons que trop ce que valent les soi-disant « mystères » dont on a si souvent abusé à notre époque, et qui ne sont tels que parce que ceux qui en parlent sont les premiers à n'y rien comprendre ; il n'y a de vrai mystère que ce qui est inexprimable par sa nature même. Nous ne voulons pas prétendre, cependant, que toute vérité soit toujours également bonne à dire, et qu'il n'y ait pas des cas où une certaine réserve s'impose pour des raisons d'opportunité, ou des choses qu'il serait plus dangereux qu'utile d'exposer publiquement ; mais cela ne se rencontre que dans certains ordres de connaissance, somme toute assez restreints, et d'ailleurs, s'il nous arrive parfois de faire allusion à des choses de ce genre , nous ne manquons pas de déclarer formellement ce qu'il en est, sans jamais faire intervenir aucune de ces prohibitions chimériques que les écrivains de quelques écoles mettent en avant à tout propos, soit pour provoquer la curiosité de leurs lecteurs, soit tout simplement pour dissimuler leur propre embarras. De tels artifices nous sont tout à fait étrangers, non moins que les fictions purement littéraires ; nous ne nous proposons que de dire ce qui est, dans la mesure où nous le connaissons, et tel que nous le connaissons. Nous ne pouvons dire tout ce que nous pensons, parce que cela nous entraînerait souvent trop loin de notre sujet, et aussi parce que la pensée dépasse toujours les limites de l'expression où on veut l'enfermer ; mais nous ne disons jamais que ce que nous pensons réellement. C'est pourquoi nous ne saurions admettre qu'on dénature nos intentions, qu'on nous fasse dire autre chose que ce que nous disons, ou qu'on cherche à découvrir, derrière ce que nous disons, nous ne savons quelle pensée dissimulée ou déguisée, qui est parfaitement imaginaire. Par contre, nous serons toujours reconnaissant à ceux qui nous signaleront des points sur lesquels il leur paraîtra souhaitable d'avoir de plus amples éclaircissements, et nous nous efforcerons de leur donner satisfaction par la suite ; mais qu'ils veuillent bien attendre que nous ayons la possibilité de le faire, qu'ils ne se hâtent point de conclure sur des données insuffisantes, et, surtout, qu'ils se gardent de rendre aucune doctrine responsable des imperfections ou des lacunes de notre exposé.

ILLUSIONS OCCIDENTALES

1

CIVILISATION ET PROGRÈS

La civilisation occidentale moderne apparaît dans l'histoire comme une véritable anomalie : parmi toutes celles qui nous sont connues plus ou moins complètement, cette civilisation est la seule qui se soit développée dans un sens purement matériel, et ce développement monstrueux, dont le début coïncide avec ce qu'on est convenu d'appeler la Renaissance, a été accompagné, comme il devait l'être fatalement, d'une régression intellectuelle correspondante ; nous ne disons pas équivalente, car il s'agit là de deux ordres de choses entre lesquels il ne saurait y avoir aucune commune mesure. Cette régression en est arrivée à un tel point que les

Occidentaux d'aujourd'hui ne savent plus ce que peut être l'intellectualité pure, qu'ils ne soupçonnent même pas que rien de tel puisse exister ; de là leur dédain, non seulement pour les civilisations orientales, mais même pour le moyen âge européen, dont l'esprit ne leur échappe guère moins complètement. Comment faire comprendre l'intérêt d'une connaissance toute spéculative à des gens pour qui l'intelligence n'est qu'un moyen d'agir sur la matière et de la plier à des fins pratiques, et pour qui la science, dans le sens restreint où ils l'entendent, vaut surtout dans la mesure où elle est susceptible d'aboutir à des applications industrielles ? Nous n'exagérons rien ; il n'y a qu'à regarder autour de soi pour se rendre compte que telle est bien la mentalité de l'immense majorité de nos contemporains ; et l'examen de la philosophie, à partir de Bacon et de Descartes, ne pourrait que confirmer encore ces constatations. Nous rappellerons seulement que Descartes a limité l'intelligence à la raison, qu'il a assigné pour unique rôle à ce qu'il croyait pouvoir appeler métaphysique de servir de fondement à la physique, et que cette physique elle-même était essentiellement destinée, dans sa pensée, à préparer la constitution des sciences appliquées, mécanique, médecine et morale, dernier terme du savoir humain tel qu'il le concevait ; les tendances qu'il affirmait ainsi ne sont-elles pas déjà celles-là mêmes qui caractérisent à première vue tout le développement du monde moderne ? Nier ou ignorer toute connaissance pure et supra-rationnelle, c'était ouvrir la voie qui devait mener logiquement, d'une part, au positivisme et à l'agnosticisme, qui prennent leur parti des plus étroites limitations de l'intelligence et de son objet, et, d'autre part, à toutes les théories sentimentalistes et volontaristes, qui s'efforcent de chercher dans l'infra-rationnel ce que la raison ne peut leur donner. En effet, ceux qui, de nos jours, veulent réagir contre le rationalisme, n'en acceptent pas moins l'identification de l'intelligence tout entière avec la seule raison, et ils croient que celle-ci n'est qu'une faculté toute pratique, incapable de sortir du domaine de la matière ; Bergson a écrit textuellement ceci : « L'intelligence, envisagée dans ce qui en paraît être la démarche originelle, est la faculté de fabriquer des objets artificiels, en particulier des outils à faire des outils (sic), et d'en varier indéfiniment la fabrication » . Et encore : « L'intelligence, même quand elle n'opère plus sur la matière brute, suit les habitudes qu'elle a contractées dans cette opération : elle applique des formes qui sont celles mêmes de la matière inorganisée. Elle est faite pour ce genre de travail. Seul, ce genre de travail la satisfait pleinement. Et c'est ce qu'elle exprime en disant qu'ainsi seulement elle arrive à la distinction et à la clarté » . À ces derniers traits, on reconnaît sans peine que ce n'est point l'intelligence elle-même qui est en cause, mais tout simplement la conception cartésienne de l'intelligence, ce qui est bien différent ; et, à la superstition de la raison, la « philosophie nouvelle », comme disent ses adhérents, en substitue une autre, plus grossière encore par certains côtés, la superstition de la vie. Le rationalisme, impuissant à s'élever jusqu'à la vérité absolue, laissait du moins subsister la vérité relative ; l'intuitionnisme contemporain rabaisse cette vérité à n'être plus qu'une représentation de la réalité sensible, dans tout ce qu'elle a d'inconsistant et d'incessamment changeant ; enfin, le pragmatisme achève de faire évanouir la notion même de vérité en l'identifiant à celle d'utilité, ce qui revient à la supprimer purement et simplement. Si nous avons un peu schématisé les choses, nous ne les avons nullement défigurées, et, quelles qu'aient pu être les phases intermédiaires, les tendances fondamentales sont bien celles que nous venons de dire ; les pragmatistes, en allant jusqu'au bout, se montrent les plus authentiques représentants de la pensée occidentale moderne : qu'importe la vérité dans un monde dont les aspirations, étant uniquement matérielles et sentimentales, et non intellectuelles, trouvent toute satisfaction dans l'industrie et dans la morale, deux domaines où l'on se passe fort bien, en effet, de concevoir la vérité ? Sans doute, on n'en est pas arrivé d'un seul coup à cette extrémité, et bien des Européens protesteront qu'ils n'en sont point encore là ; mais nous pensons surtout ici aux Américains, qui en sont à une phase plus « avancée », si l'on peut dire, de la même civilisation : mentalement aussi bien que géographiquement, l'Amérique actuelle est vraiment l'« Extrême-Occident » ; et l'Europe suivra, sans aucun doute, si rien ne vient arrêter le déroulement des conséquences impliquées dans le présent état des choses. Mais ce qu'il y a peut-être de plus extraordinaire, c'est la prétention de faire de cette civilisation anormale le type même de toute civilisation, de la regarder comme « la civilisation » par excellence, voire même comme la seule qui mérite ce nom. C'est aussi, comme complément de cette illusion, la croyance au « progrès », envisagé d'une façon non moins absolue, et identifié naturellement, dans son essence, avec ce développement matériel qui absorbe toute l'activité de l'Occidental moderne. Il est curieux de constater combien certaines idées arrivent promptement à se répandre et à s'imposer, pour peu, évidemment, qu'elles répondent aux tendances générales d'un milieu et d'une époque ; c'est le cas de ces idées de « civilisation » et de « progrès », que tant de gens croient volontiers universelles et nécessaires, alors qu'elles sont en réalité d'invention toute récente, et que, aujourd'hui encore, les trois quarts au moins de l'humanité persistent à les ignorer ou à n'en tenir aucun compte. Jacques Bainville a fait remarquer que, « si le verbe *civiliser* se trouve déjà avec la signification que nous lui prêtons chez les bons auteurs du XVIIIe siècle, le substantif *civilisation* ne se rencontre que chez les économistes de l'époque qui a précédé immédiatement la Révolution. Littré cite un exemple pris chez Turgot. Littré, qui avait dépouillé toute notre littérature, n'a pas pu remonter plus loin. Ainsi le mot civilisation n'a pas plus d'un siècle et demi d'existence. Il n'a fini par entrer dans le dictionnaire de l'Académie qu'en 1835, il y a un peu moins de cent ans... L'antiquité, dont nous vivons encore, n'avait pas non plus de terme pour rendre ce que nous entendons par civilisation. Si l'on donnait ce mot-là à traduire dans un thème latin, le jeune élève serait bien embarrassé... La vie des mots n'est pas indépendante de la vie des idées. Le mot de civilisation, dont nos ancêtres se passaient fort bien, peut-être parce qu'ils avaient la chose, s'est répandu au XIXe siècle sous l'influence d'idées nouvelles. Les découvertes scientifiques, le développement de l'industrie, du commerce, de la prospérité et du bien-être, avaient créé une sorte d'enthousiasme et même de prophétisme. La conception du progrès indéfini, apparue dans la seconde moitié du XVIIIe siècle, concourut à convaincre l'espèce humaine qu'elle était entrée dans une ère nouvelle, celle de la civilisation absolue. C'est à un prodigieux utopiste, bien oublié aujourd'hui, Fourier, que l'on doit d'appeler la période contemporaine celle de la civilisation et de confondre la civilisation avec l'âge moderne... La civilisation, c'était donc le degré de développement et de perfectionnement auquel les nations européennes étaient parvenues au XIXe siècle. Ce terme, compris par tous, bien qu'il ne fût défini par personne, embrassait à la fois le progrès matériel et le progrès moral, l'un portant l'autre, l'un uni à l'autre, inséparables tous deux. La civilisation, c'était en somme l'Europe elle-même, c'était un brevet que se décernait le monde européen » . C'est là exactement ce que nous pensons nous-même ; et nous avons tenu à faire cette citation, bien qu'elle soit un peu longue, pour montrer que nous ne sommes pas seul à le penser.

Ainsi, ces deux idées de « civilisation » et de « progrès », qui sont fort étroitement associées, ne datent l'une et l'autre que de la seconde moitié du XVIIIe siècle, c'est-à-dire de l'époque qui, entre autres choses, vit naître aussi le matérialisme ; et elles furent surtout propagées et popularisées par les rêveurs socialistes du début du XIXe siècle. Il faut convenir que l'histoire des idées permet de faire parfois des constatations assez surprenantes, et de réduire certaines imaginations à leur juste valeur ; elle le permettrait surtout si elle était faite et étudiée comme elle devrait l'être, si elle n'était, comme l'histoire ordinaire d'ailleurs, falsifiée par des interprétations tendancieuses, ou bornée à des travaux de simple érudition, à d'insignifiantes recherches sur des points de détail. L'histoire vraie peut être dangereuse pour certains intérêts politiques ; et on est en droit de se demander si ce n'est pas pour cette raison que certaines méthodes, en ce domaine, sont imposées officiellement à l'exclusion de toutes les autres : consciemment ou non, on écarte *a priori* tout ce qui permettrait de voir clair en bien des choses, et c'est ainsi que se forme l'« opinion publique ». Mais revenons aux deux idées dont nous venons de parler, et précisons que, en leur assignant une origine aussi rapprochée, nous avons uniquement en vue cette acception absolue, et illusoire selon nous, qui est celle qu'on leur donne le plus communément aujourd'hui. Pour le sens relatif dont les mêmes mots sont susceptibles, c'est autre chose, et, comme ce sens est très légitime, on ne peut dire qu'il s'agisse en ce cas d'idées ayant pris naissance à un moment déterminé ; peu importe qu'elles aient été exprimées d'une façon ou d'une autre, et, si un terme est commode, ce n'est pas parce qu'il est de création récente que nous voyons des inconvénients à son emploi. Ainsi, nous disons nous-même très volontiers qu'il existe « des civilisations » multiples et diverses ; il serait assez difficile de définir exactement cet ensemble complexe d'éléments de différents ordres qui constitue ce qu'on appelle une civilisation, mais néanmoins chacun sait assez bien ce qu'on doit entendre par là. Nous ne pensons même pas qu'il soit nécessaire d'essayer de renfermer dans une formule rigide les caractères généraux de toute civilisation, ou les caractères particuliers de telle civilisation déterminée ; c'est là un procédé quelque peu artificiel, et nous nous défions grandement de ces cadres étroits où se complaît l'esprit systématique. De même qu'il y a « des civilisations », il y a aussi, au cours du développement de chacune d'elles, ou de certaines périodes plus ou moins restreintes de ce développement, « des progrès » portant, non point sur tout indistinctement, mais sur tel ou tel domaine défini ; ce n'est là, en somme, qu'une autre façon de dire qu'une civilisation se développe dans un certain sens, dans une certaine direction ; mais, comme il y a des progrès, il y a aussi des régressions, et parfois même les deux choses se produisent simultanément dans des domaines différents. Donc, nous y insistons, tout cela est éminemment relatif ; si l'on veut prendre les mêmes mots dans un sens absolu, ils ne correspondent plus à aucune réalité, et c'est justement alors qu'ils représentent ces idées nouvelles qui n'ont cours que moins de deux siècles, et dans le seul Occident. Certes, « le Progrès » et « la Civilisation », avec des majuscules, cela peut faire un excellent effet dans certaines phrases aussi creuses que déclamatoires, très propres à impressionner la foule pour qui la parole sert moins à exprimer la pensée qu'à suppléer à son absence ; à ce titre, cela joue un rôle des plus importants dans l'arsenal de formules dont les « dirigeants » contemporains se servent pour accomplir la singulière œuvre de suggestion collective sans laquelle la mentalité spécifiquement moderne ne saurait subsister bien longtemps. À cet égard, nous ne croyons pas qu'on ait jamais remarqué suffisamment l'analogie, pourtant frappante, que l'action de l'orateur, notamment, présente avec celle de l'hypnotiseur (et celle du dompteur est également du même ordre) ; nous signalons en passant ce sujet d'études à l'attention des psychologues. Sans doute, le pouvoir des mots s'est déjà exercé plus ou moins en d'autres temps que le nôtre ; mais ce dont on n'a pas d'exemple, c'est cette gigantesque hallucination collective par laquelle toute une partie de l'humanité en est arrivée à prendre les plus vaines chimères pour d'incontestables réalités ; et, parmi ces idoles de l'esprit moderne, celles que nous dénonçons présentement sont peut-être les plus pernicieuses de toutes.

Il nous faut revenir encore sur la genèse de l'idée de progrès ; disons, si l'on veut, l'idée de progrès indéfini, pour mettre hors de cause ces progrès spéciaux et limités dont nous n'entendons aucunement contester l'existence. C'est probablement chez Pascal qu'on peut trouver la première trace de cette idée, appliquée d'ailleurs à un seul point de vue : on connaît le passage où il compare l'humanité à « un même homme qui subsiste toujours et qui apprend continuellement pendant le cours des siècles », et où il fait preuve de cet esprit antitraditionnel qui est une des particularités de l'Occident moderne, déclarant que « ceux que nous appelons anciens étaient véritablement nouveaux en toutes choses », et qu'ainsi leurs opinions ont fort peu de poids ; et, sous ce rapport, Pascal avait eu au moins un précurseur, puisque Bacon avait dit déjà avec la même intention : *Antiquitas sœculi, juventus mundi*. Il est facile de voir le sophisme inconscient sur lequel se base une telle conception : ce sophisme consiste à supposer que l'humanité, dans son ensemble, suit un développement continu et unilinéaire ; c'est là une vue éminemment « simpliste », qui est en contradiction avec tous les faits connus. L'histoire nous montra en effet, à toute époque, des civilisations indépendantes les unes des autres, souvent même divergentes, dont certaines naissent et se développent pendant que d'autres tombent en décadence et meurent, ou sont anéanties brusquement dans quelque cataclysme ; et les civilisations nouvelles ne recueillent point toujours l'héritage des anciennes. Qui oserait soutenir sérieusement, par exemple, que les Occidentaux modernes ont profité, si indirectement que ce soit, de la plupart des connaissances qu'avaient accumulées les Chaldéens ou les Égyptiens, sans parler des civilisations dont le nom même n'est pas parvenu jusqu'à nous ? Du reste, il n'y a pas besoin de remonter si loin dans le passé, puisqu'il est des sciences qui étaient cultivées dans le moyen âge européen, et dont on n'a plus de nos jours la moindre idée. Si l'on veut conserver la représentation de l'« homme collectif » qu'envisage Pascal (qui l'appelle très improprement « homme universel »), il faudra donc dire que, s'il est des périodes où il apprend, il en est d'autres où il oublie, ou bien que, tandis qu'il apprend certaines choses, il en oublie d'autres ; mais la réalité est encore plus complexe, puisqu'il y a simultanément, comme il y en a toujours eu, des civilisations qui ne se pénètrent pas, qui s'ignorent mutuellement : telle est bien, aujourd'hui plus que jamais, la situation de la civilisation occidentale par rapport aux civilisations orientales. Au fond, l'origine de l'illusion qui s'est exprimée chez Pascal est tout simplement celle-ci : les Occidentaux, à partir de la Renaissance, ont pris l'habitude de se considérer exclusivement comme les héritiers et les continuateurs de l'antiquité gréco-romaine, et de méconnaître ou d'ignorer systématiquement tout le reste ; c'est ce que nous appelons le « préjugé classique ». L'humanité dont parle Pascal commence aux Grecs, elle se continue avec les Romains, puis il y a dans son existence une discontinuité correspondant au moyen âge, dans lequel il ne peut voir, comme tous les gens du XVIIe siècle, qu'une période de sommeil ; enfin vient la Renaissance, c'est-à-dire le réveil de cette humanité, qui, à partir de ce moment, sera composée de l'ensemble des peuples européens. C'est une bizarre erreur, et qui dénote un horizon mental singulièrement borné, que celle qui consiste à prendre ainsi la partie pour le tout ; on pourrait en découvrir l'influence en plus d'un domaine : les psychologues, par exemple, limitent ordinairement leurs observations à un seul type d'humanité, l'Occidental moderne, et ils étendent abusivement les résultats ainsi obtenus jusqu'à prétendre en faire, sans exception, des caractères de l'homme en général.

Il est essentiel de noter que Pascal n'envisageait encore qu'un progrès intellectuel, dans les limites où lui-même et son époque concevaient l'intellectualité ; c'est bien vers la fin du XVIIIe siècle qu'apparut, avec Turgot et Condorcet, l'idée de progrès étendue à tous les ordres d'activité ; et cette idée était alors si loin d'être généralement acceptée que Voltaire s'empressa de la tourner en ridicule. Nous ne pouvons songer à faire ici l'histoire complète des diverses modifications que cette même idée subit au cours du XIXe siècle, et des complications pseudo-scientifiques qui y furent apportées lorsque, sous le nom d'« évolution », on voulut l'appliquer, non plus seulement à l'humanité, mais à tout l'ensemble des êtres vivants. L'évolutionnisme, en dépit de multiples divergences plus ou moins importantes, est devenu un véritable dogme officiel : on enseigne comme une loi, qu'il est interdit de discuter, ce qui n'est en réalité que la plus gratuite et la plus mal fondée de toutes les hypothèses ; à plus forte raison en est-il ainsi de la conception du progrès humain, qui n'apparaît plus là-dedans que comme un simple cas particulier. Mais, avant d'en arriver là, il y a eu bien des vicissitudes, et, parmi les partisans mêmes du progrès, il en est qui n'ont pu s'empêcher de formuler des réserves assez graves : Auguste Comte, qui avait commencé par être disciple de

Saint-Simon, admettait un progrès indéfini en durée, mais non en étendue ; pour lui, la marche de l'humanité pouvait être représentée par une courbe qui a une asymptote, dont elle se rapproche indéfiniment sans jamais l'atteindre, de telle façon que l'amplitude du progrès possible, c'est-à-dire la distance de l'état actuel à l'état idéal, représentée par celle de la courbe à l'asymptote, va sans cesse en décroissant. Rien n'est plus facile que de montrer les confusions sur lesquelles repose la théorie fantaisiste à laquelle Comte a donné le nom de « loi des trois états », et dont la principale consiste à supposer que l'unique objet de toute connaissance possible est l'explication des phénomènes naturels ; comme Bacon et Pascal, il comparait les anciens à des enfants, tandis que d'autres, à une époque plus récente, ont cru mieux faire en les assimilant aux sauvages, qu'ils appellent des « primitifs », alors que, pour notre part, nous les regardons au contraire comme des dégénérés . D'un autre côté, certains, ne pouvant faire autrement que de constater qu'il y a des hauts et des bas dans ce qu'ils connaissent de l'histoire de l'humanité, en sont venus à parler d'un « rythme du progrès » ; il serait peut-être plus simple et plus logique, dans ces conditions, de ne plus parler de progrès du tout, mais, comme il faut sauvegarder à tout prix le dogme moderne, on suppose que « le progrès » existe quand même comme résultante finale de tous les progrès partiels et de toutes les régressions. Ces restrictions et ces discordances devraient donner à réfléchir, mais bien peu semblent s'en apercevoir ; les différentes écoles ne peuvent se mettre d'accord entre elles, mais il demeure entendu qu'on doit admettre le progrès et l'évolution, sans quoi on ne saurait probablement avoir droit à la qualité de « civilisé ».

Un autre point est encore digne de remarque : si l'on recherche quelles sont les branches du prétendu progrès dont il est le plus souvent question aujourd'hui, celles auxquelles toutes les autres semblent se ramener dans la pensée de nos contemporains, on s'aperçoit qu'elles se réduisent à deux, le « progrès matériel » et le « progrès moral » ; ce sont les seules que Jacques Bainville ait mentionnées comme comprises dans l'idée courante de « civilisation », et nous pensons que c'est avec raison. Sans doute, certains parlent bien encore de « progrès intellectuel », mais cette expression, pour eux, est essentiellement synonyme de « progrès scientifique », et elle s'applique surtout au développement des sciences expérimentales et de leurs applications. On voit donc reparaître ici cette dégradation de l'intelligence qui aboutit à l'identifier avec le plus restreint et le plus inférieur de tous ses usages, l'action sur la matière en vue de la seule utilité pratique ; le soi-disant « progrès intellectuel » n'est plus ainsi, en définitive, que le « progrès matériel » lui-même, et, si l'intelligence n'était que cela, il faudrait accepter la définition qu'en donne Bergson. À la vérité, la plupart des Occidentaux actuels ne conçoivent pas que l'intelligence soit autre chose ; elle se réduit pour eux, non plus même à la raison au sens cartésien, mais à la plus infime partie de cette raison, à ses opérations les plus élémentaires, à ce qui demeure toujours en étroite liaison avec ce monde sensible dont ils ont fait le champ unique et exclusif de leur activité. Pour ceux qui savent qu'il y a autre chose et qui persistent à donner aux mots leur vraie signification, ce n'est point de « progrès intellectuel » qu'il peut s'agir à notre époque, mais bien au contraire de décadence, ou mieux encore de déchéance intellectuelle ; et, parce qu'il est des voies de développement qui sont incompatibles, c'est là précisément la rançon du « progrès matériel », le seul dont l'existence au cours des derniers siècles soit un fait réel : progrès scientifique si l'on veut, mais dans une acception extrêmement limitée, et progrès industriel bien plus encore que scientifique. Développement matériel et intellectualité pure sont vraiment en sens inverse ; qui s'enfonce dans l'un s'éloigne nécessairement de l'autre ; que l'on remarque bien, d'ailleurs, que nous dirons ici intellectualité, non rationalité, car le domaine de la raison n'est qu'intermédiaire, en quelque façon, entre celui des sens et celui de l'intellect supérieur : si la raison reçoit un reflet de ce dernier, alors même qu'elle le nie et se croit la plus haute faculté de l'être humain, c'est toujours des données sensibles que sont tirées les notions qu'elle élabore. Nous voulons dire que le général, objet propre de la raison, et par suite de la science qui est l'œuvre de celle-ci, s'il n'est pas de l'ordre sensible, procède cependant de l'individuel, qui est perçu par les sens ; on peut dire qu'il est au delà du sensible, mais non au-dessus ; il n'est de transcendant que l'universel, objet de l'intellect pur, au regard duquel le général lui-même rentre purement et simplement dans l'individuel. C'est là la distinction fondamentale de la connaissance métaphysique et de la connaissance scientifique, telle que nous l'avons exposée plus amplement ailleurs ; et, si nous la rappelons ici, c'est que l'absence totale de la première et le déploiement désordonné de la seconde constituent les caractères les plus frappants de la civilisation occidentale dans son état actuel.

Pour ce qui est de la conception du « progrès moral », elle représente l'autre élément prédominant de la mentalité moderne, nous voulons dire la sentimentalité ; et la présence de cet élément n'est point pour nous faire modifier le jugement que nous avons formulé en disant que la civilisation occidentale est toute matérielle. Nous savons bien que certains veulent opposer le domaine du sentiment à celui de la matière, faire du développement de l'un une sorte de contrepoids à l'envahissement de l'autre, et prendre pour idéal un équilibre aussi stable que possible entre ces deux éléments complémentaires. Telle est peut-être, au fond, la pensée des intuitionnistes qui, associant indissolublement l'intelligence à la matière, tentent de s'en affranchir à l'aide d'un instinct assez mal défini ; telle est plus sûrement encore celle des pragmatistes, pour qui la notion d'utilité, destinée à remplacer celle de vérité, se présente à la fois sous l'aspect matériel et sous l'aspect moral ; et nous voyons encore ici à quel point le pragmatisme exprime les tendances spéciales du monde moderne, et surtout du monde anglo-saxon qui en est la fraction la plus typique. En fait, matérialité et sentimentalité, bien loin de s'opposer, ne peuvent guère aller l'une sans l'autre, et toutes deux acquièrent ensemble leur développement le plus extrême ; nous en avons la preuve en Amérique, où, comme nous avons eu l'occasion de le faire remarquer dans nos études sur le théosophisme et le spiritisme, les pires extravagances « pseudo-mystiques » naissent et se répandent avec une incroyable facilité, en même temps que l'industrialisme et sa passion des « affaires » sont poussés à un degré qui confine à la folie ;

quand les choses en sont là, ce n'est plus un équilibre qui s'établit entre les deux tendances, ce sont deux déséquilibres qui s'ajoutent l'un à l'autre et, au lieu de se compenser, s'aggravent mutuellement. La raison de ce phénomène est facile à apercevoir : là où l'intellectualité est réduite au minimum, il est tout naturel que la sentimentalité prenne le dessus ; et d'ailleurs celle-ci, en elle-même, est fort proche de l'ordre matériel : il n'y a rien, dans tout le domaine psychologique, qui soit plus étroitement dépendant de l'organisme, et, en dépit de Bergson, c'est le sentiment, et non l'intelligence, qui nous apparaît comme lié à la matière. Nous savons bien ce que peuvent répondre à cela les intuitionnistes : l'intelligence, telle qu'ils la conçoivent, est liée à la matière inorganique (c'est toujours le mécanisme cartésien et ses dérivés qu'ils ont en vue) ; le sentiment l'est à la matière vivante, qui leur paraît occuper un degré plus élevé dans l'échelle des existences. Mais, inorganique ou vivante, c'est toujours de la matière, et il ne s'agit jamais là-dedans que des choses sensibles ; il est décidément impossible à la mentalité moderne, et aux philosophies qui la représentent, de se dégager de cette limitation. À la rigueur, si l'on tient à ce qu'il y ait là une dualité de tendances, il faudra rattacher l'une à la matière, l'autre à la vie, et cette distinction peut effectivement servir à classer, d'une manière assez satisfaisante, les grandes superstitions de notre époque ; mais, nous le répétons, tout cela est du même ordre et ne peut se dissocier réellement ; ces choses sont situées sur un même plan, et non superposées hiérarchiquement. Ainsi, le « moralisme » de nos contemporains n'est bien que le complément nécessaire de leur matérialisme pratique : et il serait parfaitement illusoire de vouloir exalter l'un au détriment de l'autre, puisque, étant nécessairement solidaires, ils se développent tous deux simultanément et dans le même sens, qui est celui de ce qu'on est convenu d'appeler la « civilisation ».

Nous venons de voir pourquoi les conceptions du « progrès matériel » et du « progrès moral » sont inséparables, et pourquoi la seconde tient, de façon à peu près aussi constante que la première, une place si considérable dans les préoccupations de nos contemporains. Nous n'avons nullement contesté l'existence du « progrès matériel », mais seulement son importance : ce que nous soutenons, c'est qu'il ne vaut pas ce qu'il fait perdre du côté intellectuel, et que, pour être d'un autre avis, il faut tout ignorer de l'intellectualité vraie ; maintenant, que faut-il penser de la réalité du « progrès moral » ? C'est là une question qu'il n'est guère possible de discuter sérieusement, parce que, dans ce domaine sentimental, tout n'est qu'affaire d'appréciation et de préférences individuelles ; chacun appellera « progrès » ce qui sera en conformité avec ses propres dispositions, et, en somme, il n'y a pas à donner raison à l'un plutôt qu'à l'autre. Ceux dont les tendances sont en harmonie avec celles de leur époque ne peuvent faire autrement que d'être satisfaits du présent état des choses, et c'est ce qu'ils traduisent à leur manière en disant que telle époque est en progrès sur celles qui l'ont précédée ; mais souvent cette satisfaction de leurs aspirations sentimentales n'est encore que relative, parce que les événements ne se déroulent pas toujours au gré de leurs désirs et c'est pourquoi ils supposent que le progrès se continuera au cours des époques futures. Les faits viennent parfois apporter un démenti à ceux qui sont persuadés de la réalité actuelle du « progrès moral », suivant les conceptions qu'on s'en fait le plus habituellement ; mais ceux-là en sont quittes pour modifier quelque peu leurs idées à cet égard, ou pour reporter dans un avenir plus ou moins lointain la réalisation de leur idéal, et ils pourraient se tirer d'embarras, eux aussi, en parlant d'un « rythme du progrès ». D'ailleurs, ce qui est encore beaucoup plus simple, ils s'empressent ordinairement d'oublier la leçon de l'expérience ; tels sont ces rêveurs incorrigibles qui, à chaque nouvelle guerre, ne manquent pas de prophétiser qu'elle sera la dernière. Au fond, la croyance au progrès indéfini n'est que la plus naïve et la plus grossière de toutes les formes de l'« optimisme » ; quelles que soient ses modalités, elle est donc toujours d'essence sentimentale, même lorsqu'il s'agit du « progrès matériel ». Si l'on nous objecte que nous avons reconnu nous-même l'existence de celui-ci, nous répondrons que nous ne l'avons reconnue que dans les limites où les faits nous la montrent, et que nous n'accordons aucunement pour cela qu'il doive ni même qu'il puisse se poursuivre indéfiniment ; du reste, comme il ne nous paraît point être ce qu'il y a de mieux au monde, au lieu de l'appeler progrès, nous préférerions l'appeler tout simplement développement ; ce n'est pas par lui-même que ce mot de progrès est gênant, mais c'est en raison de l'idée de « valeur » qui a fini par s'y attacher presque invariablement. Cette remarque en amène une autre : c'est qu'il y a bien aussi une réalité qui se dissimule sous le prétendu « progrès moral », ou qui, si l'on préfère, en entretient l'illusion ; cette réalité, c'est le développement de la sentimentalité, qui, toute question d'appréciation à part, existe en effet dans le monde moderne, aussi incontestablement que celui de l'industrie et du commerce (et nous avons dit pourquoi l'un ne va pas sans l'autre). Ce développement, excessif et anormal selon nous, ne peut manquer d'apparaître comme un progrès à ceux qui mettent la sentimentalité au-dessus de tout ; et peut-être dira-t-on que, en parlant de simples préférences comme nous le faisions tout à l'heure, nous nous sommes enlevé par avance le droit de leur donner tort. Mais il n'en est rien : ce que nous disions alors s'applique au sentiment, et au sentiment seul, dans ses variations d'un individu à un autre ; s'il s'agit de mettre le sentiment, considéré en général, à sa juste place par rapport à l'intelligence, il en va tout autrement, parce qu'il y a là une hiérarchie nécessaire à observer. Le monde moderne a proprement renversé les rapports naturels des divers ordres ; encore une fois, amoindrissement de l'ordre intellectuel (et même absence de l'intellectualité pure), exagération de l'ordre]37] matériel et de l'ordre sentimental, tout cela se tient, et c'est tout cela qui fait de la civilisation occidentale actuelle une anomalie, pour ne pas dire une monstruosité.

Voilà comment les choses apparaissent lorsqu'on les envisage en dehors de tout préjugé ; et c'est ainsi que les voient les représentants les plus qualifiés des civilisations orientales, qui n'y apportent aucun parti pris, car le parti pris est toujours chose sentimentale, non intellectuel-le, et leur point de vue est purement intellectuel. Si les Occidentaux ont quelque peine à comprendre cette attitude, c'est qu'ils sont invinciblement portés à juger les autres d'après ce qu'ils sont eux-mêmes et à leur prêter leurs propres préoccupations, comme ils leur prêtent leurs façons de penser et ne se rendent même pas compte qu'il puisse en exister d'autres, tant leur horizon mental est étroit ; de là vient leur complète incompréhension de toutes les conceptions orientales. La réciproque n'est point vraie : les Orientaux, quand ils en ont l'occasion et quand ils veulent s'en donner la peine, n'éprouvent guère de difficulté à pénétrer et à comprendre les connaissances spéciales de l'Occident, car ils sont habitués à des spéculations autrement vastes et profondes, et qui peut le plus peut le moins ; mais, en général, ils ne sont guère tentés de se livrer à ce travail, qui risquerait de leur faire perdre de vue ou tout au moins négliger, pour des choses qu'ils estiment insignifiantes, ce qui est pour eux l'essentiel. La science occidentale est analyse et dispersion ; la connaissance orientale est synthèse et concentration ; mais nous aurons l'occasion de revenir là-dessus. Quoi qu'il en soit, ce que les Occidentaux appellent civilisation, les autres l'appelleraient plutôt barbarie, parce qu'il y manque précisément l'essentiel, c'est-à-dire un principe d'ordre supérieur ; de quel droit les Occidentaux prétendraient-ils imposer à tous leur propre appréciation ? Ils ne devraient pas oublier, d'ailleurs, qu'ils ne sont qu'une minorité dans l'ensemble de l'humanité terrestre ; évidemment, cette considération de nombre ne prouve rien à nos yeux, mais elle devrait faire quelque impression sur des gens qui ont inventé le « suffrage universel » et qui croient à sa vertu. Si encore ils ne faisaient que se complaire dans l'affirmation de la supériorité imaginaire qu'ils s'attribuent, cette illusion ne ferait de tort qu'à eux-mêmes ; mais ce qui est le plus terrible, c'est leur fureur de prosélytisme : chez eux, l'esprit de conquête se déguise sous des prétextes « moralistes », et c'est au nom de la « liberté » qu'ils veulent contraindre le monde entier à les imiter ! Le plus étonnant, c'est que, dans leur infatuation, ils s'imaginent de bonne foi qu'ils ont du « prestige » auprès de tous les autres peuples : parce qu'on les redoute comme on redoute une force brutale, ils croient qu'on les admire ; l'homme qui est menacé d'être écrasé par une avalanche est-il pour cela frappé de respect et d'admiration ? La seule impression que les inventions mécaniques, par exemple, produisent sur la généralité des Orientaux, c'est une impression de profonde répulsion ; tout cela leur parait assurément plus gênant qu'avantageux, et, s'ils se trouvent obligés d'accepter certaines nécessités de l'époque actuelle, c'est avec l'espoir de s'en débarrasser un jour ou l'autre ; cela ne les intéresse pas et ne les intéressera jamais véritablement. Ce que les Occidentaux appellent progrès, ce n'est pour les

Orientaux que changement et instabilité ; et le besoin de changement, si caractéristique de l'époque moderne, est à leurs yeux une marque d'infériorité manifeste : celui qui est parvenu à un état d'équilibre n'éprouve plus ce besoin, de même que celui qui sait ne cherche plus. Dans ces conditions, il est assurément difficile de s'entendre, puisque les mêmes faits donnent lieu, de part et d'autre, à des interprétations diamétralement opposées ; que serait-ce si les Orientaux voulaient aussi, à l'instar des Occidentaux, et par les mêmes moyens qu'eux, imposer leur manière de voir ? Mais qu'on se rassure : rien n'est plus contraire à leur nature que la propagande, et ce sont là des soucis qui leur sont parfaitement étrangers ; sans prêcher la « liberté », ils laissent les autres penser ce qu'ils veulent, et même ce qu'on pense d'eux leur est fort indifférent. Tout ce qu'ils demandent, au fond, c'est qu'on les laisse tranquilles ; mais c'est ce que refusent d'admettre les Occidentaux, qui sont allés les trouver chez eux, il ne faut pas l'oublier, et qui s'y sont comportés de telle façon que les hommes les plus paisibles peuvent à bon droit en être exaspérés. Nous nous trouvons ainsi en présence d'une situation de fait qui ne saurait durer indéfiniment ; il n'est qu'un moyen pour les Occidentaux de se rendre supportables : c'est, pour employer le langage habituel de la politique coloniale, qu'ils renoncent à l'« assimilation » pour pratiquer l'« association », et cela dans tous les domaines ; mais cela seul exige déjà une certaine modification de leur mentalité, et la compréhension de quelques-unes au moins des idées que nous exposons ici.

2

LA SUPERSTITION DE LA SCIENCE

La civilisation occidentale moderne a, entre autres prétentions, celle d'être éminemment « scientifique » ; il serait bon de préciser un peu comment on entend ce mot, mais c'est ce qu'on ne fait pas d'ordinaire, car il est du nombre de ceux auxquels nos contemporains semblent attacher une sorte de pouvoir mystérieux, indépendamment de leur sens. La « Science », avec une majuscule, comme le « Progrès » et la « Civilisation », comme le « Droit », la « Justice » et la « Liberté », est encore une de ces entités qu'il faut mieux ne pas chercher à définir, et qui risquent de perdre tout leur prestige dès qu'on les examine d'un peu trop près. Toutes les soi-disant « conquêtes » dont le monde moderne est si fier se réduisent ainsi à de grands mots derrière lesquels il n'y a rien ou pas grand chose : suggestion collective, avons-nous dit, illusion qui, pour être partagée par tant d'individus et pour se maintenir comme elle le fait, ne saurait être spontanée ; peut-être essaierons-nous quelque jour d'éclaircir un peu ce coté de la question. Mais, pour le moment, ce n'est pas de cela principalement qu'il s'agit ; nous constatons seulement que l'Occident actuel croit aux idées que nous venons de dire, si tant est que l'on puisse appeler cela des idées, de quelque façon que cette croyance lui soit venue. Ce ne sont pas vraiment des idées, car beaucoup de ceux qui prononcent ces mots avec le plus de conviction n'ont dans la pensée rien de bien net qui y corresponde ; au fond, il n'y a là, dans la plupart des cas, que l'expression, on pourrait même dire la personnification, d'aspirations sentimentales plus ou moins vagues. Ce sont de véritables idoles, les divinités d'une sorte de « religion laïque » qui n'est pas nettement définie, sans doute, et qui ne peut pas l'être, mais qui n'en a pas moins une existence très réelle : ce n'est pas de la religion au sens propre du mot, mais c'est ce qui prétend s'y substituer, et qui mériterait mieux d'être appelé « contre-religion ». La première origine de cet état de choses remonte au début même de l'époque moderne, où l'esprit antitraditionnel se manifesta immédiatement par la proclamation du « libre examen », c'est-à-dire de l'absence, dans l'ordre doctrinal, de tout principe supérieur aux opinions individuelles. L'anarchie intellectuelle devait fatalement en résulter ; de là la multiplicité indéfinie des sectes religieuses et pseudo-religieuses, des systèmes philosophiques visant avant tout à l'originalité, des théories scientifiques aussi éphémères que prétentieuses ; invraisemblable chaos que domine pourtant une certaine unité, puisqu'il existe bien un esprit spécifiquement moderne dont tout cela procède, mais une unité toute négative en somme, puisque c'est proprement une absence de principe, se traduisant par cette indifférence à l'égard de la vérité et de l'erreur qui a reçu, depuis le XVIIIe siècle, le nom de « tolérance ». Qu'on nous comprenne bien : nous n'entendons point blâmer la tolérance pratique, qui s'exerce envers les individus, mais seulement la tolérance théorique, qui prétend s'exercer envers les idées et leur reconnaître à toutes les mêmes droits, ce qui devrait logiquement impliquer un scepticisme radical ; et d'ailleurs nous ne pouvons nous empêcher de constater que, comme tous les propagandistes, les apôtres de la tolérance sont très souvent, en fait, les plus intolérants des hommes. Il s'est produit, en effet, cette chose qui est d'une ironie singulière : ceux qui ont voulu renverser tous les dogmes ont créé à leur usage, nous ne dirons pas un dogme nouveau, mais une caricature de dogme, qu'ils sont parvenus à imposer à la généralité du monde occidental ; ainsi se sont établies, sous prétexte d'« affranchissement de la pensée », les croyances les plus chimériques qu'on ait jamais vues en aucun temps, sous la forme de ces diverses idoles dont nous énumérions tout à l'heure quelques-unes des principales.

De toutes les superstitions prêchées par ceux-là mêmes qui font profession de déclamer à tout propos contre la « superstition », celle de la « science » et de la « raison » est la seule qui ne semble pas, à première vue, reposer sur une base sentimentale ; mais il y a parfois un rationalisme qui n'est que du sentimentalisme déguisé, comme ne le prouve que trop la passion qu'y apportent ses partisans, la haine dont ils témoignent contre tout ce qui contrarie leurs tendances ou dépasse leur compréhension. D'ailleurs, en tout cas, le rationalisme correspondant à un amoindrissement de l'intellectualité, il est naturel que son développement aille de pair avec celui du sentimentalisme, ainsi que nous l'avons expliqué au chapitre précédent ; seulement, chacune de ces deux tendances peut être représentée plus spécialement par certaines individualités ou par certains courants de pensée, et, en raison des expressions plus ou moins exclusives et systématiques qu'elles sont amenées à revêtir, il peut même y avoir entre elles des conflits apparents qui dissimulent leur solidarité profonde aux yeux des observateurs superficiels. Le rationalisme moderne commence en somme à Descartes (il avait même eu quelques précurseurs au XVIe siècle), et l'on peut suivre sa trace à travers toute la philosophie moderne, non moins que dans le domaine proprement scientifique ; la réaction actuelle de l'intuitionnisme et du pragmatisme contre ce rationalisme nous fournit l'exemple d'un de ces conflits, et nous avons vu cependant que Bergson acceptait parfaitement la définition cartésienne de l'intelligence ; ce n'est pas la nature de celle-ci qui est mise en question, mais seulement sa suprématie. Au XVIIIe siècle, il y eut aussi antagonisme entre le rationalisme des encyclopédistes et le sentimentalisme de Rousseau ; et pourtant l'un et l'autre servirent également à la préparation du mouvement révolutionnaire, ce qui montre qu'ils rentraient bien dans l'unité négative de l'esprit anti-traditionnel. Si nous rapprochons cet exemple du précédent, ce n'est pas que nous prêtions à Bergson aucune arrière-pensée politique ; mais nous ne pouvons nous empêcher de songer à l'utilisation de ses idées dans certains milieux syndicalistes, surtout en Angleterre, tandis que, dans d'autres milieux du même genre, l'esprit « scientiste » est plus que jamais en honneur. Au fond, il semble qu'une des grandes habiletés des « dirigeants » de la mentalité moderne consiste à favoriser alternativement ou simultanément l'une et l'autre des deux tendances en question suivant l'opportunité, à établir entre elles une sorte de dosage, par un jeu d'équilibre qui répond à des préoccupations assurément plus politiques qu'intellectuelles ; cette habileté, du reste, peut n'être pas toujours voulue, et nous n'entendons mettre en doute la sincérité d'aucun savant, historien ou philosophe ; mais ceux-ci ne sont souvent que des « dirigeants » apparents, et ils peuvent être eux-mêmes dirigés ou influencés sans s'en apercevoir le moins du monde. De plus, l'usage qui est fait de leurs idées ne répond pas toujours à leurs propres intentions, et on aurait tort de les en rendre directement responsables ou de leur faire grief de n'avoir pas prévu certaines conséquences plus ou moins lointaines ; mais il suffit que ces idées soient conformes à l'une ou à l'autre des deux tendances dont nous parlons pour qu'elles soient utilisables dans le sens que nous venons de dire ; et, étant donné l'état d'anarchie intellectuelle dans lequel est plongé l'Occident, tout se passe comme s'il s'agissait de tirer du désordre même, et de tout ce qui s'agite dans le chaos, tout le parti possible pour la réalisation d'un plan rigoureusement déterminé. Nous ne voulons pas insister là-dessus outre mesure, mais il nous est bien difficile de ne pas y revenir de temps à autre, car nous ne pouvons admettre qu'une race tout entière soit purement et simplement frappée d'une sorte de folie qui dure depuis plusieurs siècles, et il faut bien qu'il y ait quelque chose qui donne, malgré tout, une signification à la civilisation moderne ; nous ne croyons pas au hasard, et nous sommes persuadé que tout ce qui existe doit avoir une cause ; libre à ceux qui sont d'un autre avis de laisser de côté cet ordre de considérations.

Maintenant, dissociant les deux tendances principales de la mentalité moderne pour mieux les examiner, et abandonnant momentanément le sentimentalisme que nous retrouverons plus loin, nous pouvons nous demander ceci : qu'est exactement cette « science » dont l'Occident est si infatué ? Un Hindou, résumant avec une extrême concision ce qu'en pensent tous les Orientaux qui ont eu l'occasion de la connaître, l'a caractérisée très justement par ces mots : « La science occidentale est un savoir ignorant ». Le rapprochement de ces deux termes n'est point une contradiction, et voici ce qu'il veut dire : c'est bien, si l'on veut, un savoir qui a quelque réalité, puisqu'il est valable et efficace dans un certain domaine relatif ; mais c'est un savoir irrémédiablement borné, ignorant de l'essentiel, un savoir qui manque de principe, comme tout ce qui appartient en propre à la civilisation occidentale moderne. La science, telle que la conçoivent nos contemporains, est uniquement l'étude des phénomènes du monde sensible, et cette étude est entreprise et menée de telle façon qu'elle ne peut, nous y insistons, être rattachée à aucun principe d'un ordre supérieur ; ignorant résolument tout ce qui la dépasse, elle se rend ainsi pleinement indépendante dans son domaine, cela est vrai, mais cette indépendance dont elle se glorifie n'est faite que de sa limitation même. Bien mieux, elle va jusqu'à nier ce qu'elle ignore, parce que c'est là le seul moyen de ne pas avouer cette ignorance ; ou, si elle n'ose pas nier formellement qu'il puisse exister quelque chose qui ne tombe pas sous son emprise, elle nie du moins que cela puisse être connu de quelque manière que ce soit, ce qui en fait revient au même, et elle prétend englober toute connaissance possible. Par un parti pris souvent inconscient, les « scientistes » s'imaginent comme Auguste Comte, que l'homme ne s'est jamais proposé d'autre objet de connaissance qu'une explication des phénomènes naturels ; parti pris inconscient, disons-nous, car ils sont évidemment incapables de comprendre qu'on puisse aller plus loin, et ce n'est pas là ce que nous leur reprochons, mais seulement leur prétention de refuser aux autres la possession ou l'usage de facultés qui leur manquent à eux-mêmes : on dirait des aveugles qui nient, sinon l'existence de la lumière, du moins celle du sens de la vue, pour l'unique raison qu'ils en sont privés. Affirmer qu'il y a, non pas simplement de l'inconnu, mais bien de l'« inconnaissable », suivant le mot de Spencer, et faire d'une infirmité intellectuelle une borne qu'il n'est permis à personne de franchir, voilà ce qui ne s'était jamais vu nulle part ; et jamais on n'avait vu non plus des hommes faire d'une affirmation d'ignorance un programme et une profession de foi, la prendre ouvertement pour étiquette d'une prétendue doctrine, sous le nom d'« agnosticisme ». Et ceux-là, qu'on le remarque bien, ne sont pas et ne veulent pas être des sceptiques ; s'ils l'étaient, il y aurait dans leur attitude une certaine logique qui pourrait la rendre excusable ; mais ils sont, au contraire, les croyants les plus enthousiastes de la « science », les plus fervents admirateurs de la « raison ». Il est assez étrange, dira-t-on, de mettre la raison au-dessus de tout, de professer pour elle un véritable culte, et de proclamer en même temps qu'elle est essentiellement limitée ; cela est quelque peu contradictoire, en effet, et, si nous le constatons, nous ne nous chargerons pas de l'expliquer ; cette attitude dénote une mentalité qui n'est la nôtre à aucun degré, et ce n'est pas à nous de justifier les contradictions qui semblent inhérentes au « relativisme » sous toutes ses formes. Nous aussi, nous disons que la raison est bornée et relative ; mais, bien loin d'en faire le tout de l'intelligence, nous ne la regardons que comme une de ses portions inférieures, et nous voyons dans l'intelligence d'autres possibilités qui dépassent immensément celles de la raison. En somme, les modernes, ou certains d'entre eux du moins, consentent bien à reconnaître leur ignorance, et les rationalistes actuels le font peut-être plus volontiers que leurs prédécesseurs, mais ce n'est qu'à la condition que nul n'ait le droit de connaître ce qu'eux-mêmes ignorent ; qu'on prétende limiter ce qui est ou seulement limiter radicalement la connaissance, c'est toujours une manifestation de l'esprit de négation qui est si caractéristique du monde moderne. Cet esprit de négation, ce n'est pas autre chose que l'esprit systématique, car un système est essentiellement une conception fermée ; et il en est arrivé à s'identifier à l'esprit philosophique lui-même, surtout depuis Kant, qui, voulant enfermer toute connaissance dans le relatif, a osé déclarer expressément que « la philosophie est, non un instrument pour étendre la connaissance, mais une discipline pour la limiter », ce qui revient à dire que la fonction principale des philosophes consiste à imposer à tous les bornes étroites de leur propre entendement. C'est pourquoi la philosophie moderne finit par substituer presque entièrement la « critique » ou la

« théorie de la connaissance » à la connaissance elle-même ; c'est pourquoi, chez beaucoup de ses représentants, elle ne veut plus être que « philosophie scientifique », c'est-à-dire simple coordination des résultats plus généraux de la science, dont le domaine est le seul qu'elle reconnaisse comme accessible à l'intelligence. Philosophie et science, dans ces conditions, n'ont plus à être distinguées, et, à vrai dire, depuis que le rationalisme existe, elles ne peuvent avoir qu'un seul et même objet, elles ne représentent qu'un seul ordre de connaissance, elles sont animées d'un même esprit : c'est ce que nous appelons, non l'esprit scientifique, mais l'esprit « scientiste ».

Il nous faut insister un peu sur cette dernière distinction : ce que nous voulons marquer par là, c'est que nous ne voyons rien de mauvais en soi dans le développement de certaines sciences, même si nous trouvons excessive l'importance qu'on y attache ; ce n'est qu'un savoir très relatif, mais enfin c'est un savoir tout de même, et il est légitime que chacun applique son activité intellectuelle à des objets proportionnés à ses propres aptitudes et aux moyens dont il dispose. Ce que nous réprouvons, c'est l'exclusivisme, nous pourrions dire le sectarisme de ceux qui, grisés par l'extension que ces sciences ont prise, refusent d'admettre qu'il existe rien en dehors d'elles, et prétendent que toute spéculation, pour être valable, doit se soumettre aux méthodes spéciales que ces mêmes sciences mettent en œuvre, comme si ces méthodes, faites pour l'étude de certains objets déterminés, devaient être universellement applicables ; il est vrai que ce qu'ils conçoivent, en fait d'universalité, est quelque chose d'extrêmement restreint, et qui ne dépasse point le domaine des contingences. Mais on étonnerait fort ces « scientistes » en leur disant que, sans même sortir de ce domaine, il y a une foule de choses qui ne sauraient être atteintes par leurs méthodes, et qui peuvent pourtant faire l'objet de sciences toutes différentes de celles qu'ils connaissent, mais non moins réelles, et souvent plus intéressantes à divers égards. Il semble que les modernes aient pris arbitrairement, dans le domaine de la connaissance scientifique, un certain nombre de portions qu'ils se sont acharnés à étudier à l'exclusion de tout le reste, et en faisant comme si ce reste était inexistant ; et, aux sciences particulières qu'ils ont ainsi cultivées, il est tout naturel, et non point étonnant ni admirable, qu'ils aient donné un développement beaucoup plus grand que n'avaient pu le faire des hommes qui n'y attachaient point la même importance, qui souvent même ne s'en souciaient guère, et qui s'occupaient en tout cas de bien d'autres choses qui leur semblaient plus sérieuses. Nous pensons surtout ici au développement considérable des sciences expérimentales, domaine où excelle évidemment l'Occident moderne, et où nul ne songe à contester sa supériorité, que les Orientaux trouvent d'ailleurs peu enviable, précisément parce qu'elle a dû être achetée par l'oubli de tout ce qui leur parait vraiment digne d'intérêt ; cependant, nous ne craignons pas d'affirmer qu'il est des sciences, même expérimentales, dont l'Occident moderne n'a pas la moindre idée. Il existe de telles sciences en Orient, parmi celles auxquelles nous donnons le nom de « sciences traditionnelles » ; en Occident même, il y en avait aussi au moyen âge, et qui avaient des caractères tout à fait comparables ; et ces sciences, dont certaines donnent même lieu à des applications pratiques d'une incontestable efficacité, procèdent par des moyens d'investigation qui sont totalement étrangers aux savants européens de nos jours. Ce n'est point ici le lieu de nous étendre sut ce sujet ; mais nous devons du moins expliquer pourquoi nous disons que certaines connaissances d'ordre scientifique ont une base traditionnelle, et en quel sens nous l'entendons ; d'ailleurs cela revient précisément à montrer, plus clairement encore que nous ne l'avons fait jusqu'ici, ce qui fait défaut à la science occidentale.

Nous avons dit qu'un des caractères spéciaux de cette science occidentale, c'est de se prétendre entièrement indépendante et autonome ; et cette prétention ne peut se soutenir que si l'on ignore systématiquement toute connaissance d'ordre supérieur à la connaissance scientifique, ou mieux encore si on la nie formellement. Ce qui est au-dessus de la science, dans la hiérarchie nécessaire des connaissances, c'est la métaphysique, qui est la connaissance intellectuelle pure et transcendante, tandis que la science n'est, par définition même, que la connaissance rationnelle ; la métaphysique est essentiellement supra-rationnelle, il faut qu'elle soit cela ou qu'elle ne soit pas. Or le rationalisme consiste, non pas à affirmer simplement que la raison vaut quelque chose, ce qui n'est contesté que par les seuls sceptiques, mais à soutenir qu'il n'y a rien au-dessus d'elle, donc pas de connaissance possible au delà de la connaissance scientifique ; ainsi, le rationalisme implique nécessairement la négation de la métaphysique. Presque tous les philosophes modernes sont rationalistes, d'une façon plus ou moins étroite, plus ou moins explicite ; chez ceux qui ne le sont pas, il n'y a que sentimentalisme et volontarisme, ce qui n'est pas moins antimétaphysique, parce que, si l'on admet alors quelque chose d'autre que la raison, c'est au-dessous d'elle qu'on le cherche, au lieu de le chercher au-dessus ; l'intellectualisme véritable est au moins aussi éloignée du rationalisme que peut l'être l'intuitionnisme contemporain, mais il l'est exactement en sens inverse. Dans ces conditions, si un philosophe moderne prétend faire de la métaphysique, on peut être assuré que ce à quoi il donne ce nom n'a absolument rien de commun avec la métaphysique vraie, et il en est effectivement ainsi ; nous ne pouvons accorder à ces choses d'autre dénomination que celle de « pseudo-métaphysique », et, s'il s'y rencontre cependant parfois quelques considérations valables, elles se rattachent en réalité à l'ordre scientifique pur et simple. Donc, absence complète de la connaissance métaphysique, négation de toute connaissance autre que scientifique, limitation arbitraire de la connaissance scientifique elle-même à certains domaines particuliers à l'exclusion des autres, ce sont là des caractères généraux de la pensée proprement moderne ; voilà à quel degré d'abaissement intellectuel en est arrivé l'Occident, depuis qu'il est sorti des voies qui sont normales au reste de l'humanité.

La métaphysique est la connaissance des principes d'ordre universel, dont toutes choses dépendent nécessairement, directement ou indirectement ; là où la métaphysique est absente, toute connaissance qui subsiste, dans quelque ordre que ce soit, manque donc véritablement de principe, et, si elle gagne par là quelque chose en indépendance (non de droit, mais de fait), elle perd bien davantage en portée et en profondeur. C'est pourquoi la science occidentale est, si l'on peut dire, toute en surface ; se dispersant dans la multiplicité indéfinie des connaissances fragmentaires, se perdant dans le détail innombrable des faits, elle n'apprend rien de la vraie nature des choses, qu'elle déclare inaccessible pour justifier son impuissance à cet égard ; aussi son intérêt est-il beaucoup plus pratique que spéculatif. S'il y a quelquefois des essais d'unification de ce savoir éminemment analytique, ils sont purement factices et ne reposent jamais que sur des hypothèses plus ou moins hasardeuses ; aussi s'écroulent-ils tous les uns après les autres, et il ne semble pas qu'une théorie scientifique de quelque ampleur soit capable de durer plus d'un demi-siècle au maximum. Du reste, l'idée occidentale d'après laquelle la synthèse est comme un aboutissement et une conclusion de l'analyse est radicalement fausse ; la vérité est que, par l'analyse, on ne peut jamais arriver à une synthèse digne de ce nom, parce que ce sont là des choses qui ne sont point du même ordre ; et il est de la nature de l'analyse de pouvoir se poursuivre indéfiniment, si le domaine dans lequel elle s'exerce est susceptible d'une telle extension, sans qu'on en soit plus avancé quant à l'acquisition d'une vue d'ensemble sur ce domaine ; à plus forte raison est-elle parfaitement inefficace pour obtenir un rattachement à des principes d'ordre supérieur. Le caractère analytique de la science moderne se traduit par la multiplication sans cesse croissante des « spécialités », dont Auguste Comte lui-même n'a pu s'empêcher de dénoncer les dangers ; cette « spécialisation », si vantée de certains sociologues sous le nom de « division du travail », est à coup sûr le meilleur moyen d'acquérir cette « myopie intellectuelle » qui semble faire partie des qualifications requises du parfait « scientiste », et sans laquelle, d'ailleurs, le « scientisme » même n'aurait guère de prise. Aussi les « spécialistes », dès qu'on les sort de leur domaine, font-ils généralement preuve d'une incroyable naïveté ; rien n'est plus facile que de leur en imposer, et c'est ce qui fait une bonne partie du succès des théories les plus saugrenues, pour peu qu'on ait soin de les dire « scientifiques » ; les hypothèses les plus gratuites, comme celle de l'évolution par exemple, prennent alors figure de « lois » et sont tenues pour prouvées ; si ce succès n'est que passager, on en est quitte pour trouver ensuite autre chose, qui est toujours accepté avec une égale facilité. Les fausses synthèses, qui s'efforcent de tirer le supérieur de l'inférieur (curieuse transposition de la conception démocratique), ne peuvent jamais être qu'hypothétiques ; au contraire, la véritable synthèse, qui part des principes, participe de leur certitude ; mais, bien entendu, il faut pour cela partir de vrais principes, et non de simples hypothèses philosophiques à la manière de Descartes. En somme, la science, en méconnaissant les principes et en refusant de s'y rattacher, se prive à la fois de la plus haute garantie qu'elle puisse recevoir et de la plus sûre direction qui puisse lui être donnée ; il n'est plus de valable en elle que les connaissances de détail, et, dès qu'elle veut s'élever d'un degré, elle devient douteuse et chancelante. Une autre conséquence de ce que nous venons de dire quant aux rapports de l'analyse et de la synthèse, c'est que le développement de la science, tel que le conçoivent les modernes, n'étend pas réellement son domaine : la somme des connaissances partielles peut s'accroître indéfiniment à l'intérieur de ce domaine, non par approfondissement, mais par division et subdivision poussée de plus en plus loin ; c'est bien vraiment la science de la matière et de la multitude. D'ailleurs, quand même il y aurait une extension réelle, ce qui peut arriver exceptionnellement, ce serait toujours dans le même ordre, et cette science ne serait pas pour cela capable de s'élever plus haut ; constituée comme elle l'est, elle se trouve séparée des principes par un abîme que rien ne peut, nous ne disons pas lui faire franchir, mais diminuer même dans les plus infimes proportions.

Quand nous disons que les sciences, même expérimentales, ont en Orient une base traditionnelle, nous voulons dire que, contrairement à ce qui a lieu en Occident, elles sont toujours rattachées à certains principes ; ceux-ci ne sont jamais perdus de vue, et les choses contingentes elles-mêmes semblent ne valoir la peine d'être étudiées qu'en tant que conséquences et manifestations extérieures de quelque chose qui est d'un autre ordre. Assurément, connaissance métaphysique et connaissance scientifique n'en demeurent pas moins profondément distinctes ; mais il n'y a pas entre elles une discontinuité absolue, comme celle que l'on constate lorsqu'on envisage l'état présent de la connaissance scientifique chez les Occidentaux. Pour prendre un exemple en Occident même, que l'on considère toute la distance qui sépare le point de vue de la cosmologie de l'antiquité et du moyen âge, et celui de la physique telle que l'entendent les savants modernes : jamais, avant l'époque actuelle, l'étude du monde sensible n'avait été regardée comme se suffisant à elle-même ; jamais la science de cette multiplicité changeante et transitoire n'aurait été jugée vraiment digne du nom de connaissance si l'on n'avait trouvé le moyen de la relier, à un degré ou à un autre, à quelque chose de stable et de permanent. La conception ancienne, qui est toujours demeurée celle des

Orientaux, tenait une science quelconque pour valable moins en elle-même que dans la mesure où elle exprimait à sa façon particulière et représentait dans un certain ordre de choses un reflet de la vérité supérieure, immuable, dont participe nécessairement tout ce qui possède quelque réalité ; et, comme les caractères de cette vérité s'incarnaient en quelque sorte dans l'idée de tradition, toute science apparaissait ainsi comme un prolongement de la doctrine traditionnelle elle-même, comme une de ses applications, secondaires et contingentes sans doute, accessoires et non essentielles, constituant une connaissance inférieure si l'on veut, mais pourtant encore une véritable connaissance, puisqu'elle conservait un lien avec la connaissance par excellence, celle de l'ordre intellectuel pur. Cette conception, comme on le voit, ne saurait à aucun prix s'accommoder du grossier naturalisme de fait qui enferme nos contemporains dans le seul domaine des contingences, et même, plus exactement, dans une étroite portion de ce domaine ; et, comme les Orientaux, nous le répétons, n'ont point varié là-dessus et ne peuvent le faire sans renier les principes sur lesquels repose toute leur civilisation, les deux mentalités paraissent décidément incompatibles ; mais, puisque c'est l'Occident qui a changé, et que d'ailleurs il change sans cesse, peut-être arrivera-t-il un moment où sa mentalité se modifiera enfin dans un sens favorable et s'ouvrira à une compréhension plus vaste, et alors cette incompatibilité s'évanouira d'elle-même.

Nous pensons avoir suffisamment montré à quel point est justifiée l'appréciation des Orientaux sur la science occidentale ; et, dans ces conditions, il n'y a qu'une chose qui puisse expliquer l'admiration sans bornes et le respect superstitieux dont cette science est l'objet : c'est qu'elle est en parfaite harmonie avec les besoins d'une civilisation purement matérielle. En effet, ce n'est pas de spéculation désintéressée qu'il s'agit ; ce qui frappe des esprits dont toutes les préoccupations sont tournées vers l'extérieur, ce sont les applications auxquelles la science donne lieu, c'est son caractère avant tout pratique et utilitaire ; et c'est surtout grâce aux inventions mécaniques que l'esprit « scientiste » a acquis son développement. Ce sont ces inventions qui ont suscité, depuis le début du XIXe siècle, un véritable délire d'enthousiasme, parce qu'elles semblaient avoir pour objectif cet accroissement du bien-être corporel qui est manifestement la principale aspiration du monde moderne ; et d'ailleurs, sans s'en apercevoir, on créait ainsi encore plus de besoins nouveaux qu'on ne pouvait en satisfaire, de sorte que, même à ce point de vue très relatif, le progrès est chose fort illusoire ;

et, une fois lancé dans cette voie, il ne parait plus possible de s'arrêter, il faut toujours du nouveau. Mais, quoi qu'il en soit, ce sont ces applications, confondues avec la science elle-même, qui ont fait surtout le crédit et le prestige de celle-ci ; cette confusion, qui ne pouvait se produire que chez des gens ignorants de ce qu'est la spéculation pure, même dans l'ordre scientifique, est devenue tellement ordinaire que de nos jours, si l'on ouvre n'importe quelle publication, on y trouve constamment désigné sous le nom de « science » ce qui devrait proprement s'appeler « industrie » ; le type du « savant », dans l'esprit du plus grand nombre, c'est l'ingénieur, l'inventeur ou le constructeur de machine. Pour ce qui est des théories scientifiques, elles ont bénéficié de cet état d'esprit, bien plus qu'elles ne l'ont suscité ; si ceux mêmes qui sont le moins capables de les comprendre les acceptent de confiance et les reçoivent comme de véritables dogmes (et ils sont d'autant plus facilement illusionnés qu'ils comprennent moins), c'est qu'ils les regardent, à tort ou à raison, comme solidaires de ces inventions pratiques qui leur paraissent si merveilleuses. À vrai dire, cette solidarité est beaucoup plus apparente que réelle ; les hypothèses plus ou moins inconsistantes ne sont pour rien dans ces découvertes et ces applications sur l'intérêt desquelles les avis peuvent différer, mais qui ont en tout cas le mérite d'être quelque chose d'effectif : et, inversement, tout ce qui pourra être réalisé dans l'ordre pratique ne prouvera jamais la vérité d'une hypothèse quelconque. Du reste, d'une façon plus générale, il ne saurait y avoir, à proprement parler, de vérification expérimentale d'une hypothèse, car il est toujours possible de trouver plusieurs théories par lesquelles les mêmes faits s'expliquent également bien : on peut éliminer certaines hypothèses lorsqu'on s'aperçoit qu'elles sont en contradiction avec des faits, mais celles qui subsistent demeurent toujours de simples hypothèses et rien de plus ; ce n'est pas ainsi que l'on pourra jamais obtenir des certitudes. Seulement, pour des hommes qui n'acceptent que le fait brut, qui n'ont d'autre critérium de vérité que l'« expérience » entendue uniquement comme la constatation des phénomènes sensibles, il ne peut être question d'aller plus loin ou de procéder autrement, et alors il n'y a que deux attitudes possibles : ou bien prendre son parti du caractère hypothétique des théories scientifiques et renoncer à toute certitude supérieure à la simple évidence sensible ; ou bien méconnaître ce caractère hypothétique et croire aveuglément à tout ce qui est enseigné an nom de la « science ». La première attitude, assurément plus intelligente que la seconde (en tenant compte des limites de l'intelligence

« scientifique »), est celle de certains savants qui, moins naïfs que les autres, se refusent à être dupes de leurs propres hypothèses ou de celles de leurs confrères ; ils en arrivent ainsi, pour tout ce qui ne relève pas de la pratique immédiate, à une sorte de scepticisme plus ou moins complet ou tout au moins de probabilisme : c'est l'« agnosticisme » ne s'appliquant plus seulement à ce qui dépasse le domaine scientifique, mais s'étendant à l'ordre scientifique même ; et ils ne sortent de cette attitude négative que par un pragmatisme plus ou moins conscient, remplaçant, comme chez Henri Poincaré, la considération de la vérité d'une hypothèse par celle de la commodité ; n'est-ce pas là un aveu d'incurable ignorance ? Cependant, la seconde attitude, que l'on peut appeler dogmatique, est maintenue avec plus ou moins de sincérité par d'autres savants, mais surtout par ceux qui se croient obligés d'affirmer pour les besoins de l'enseignement ; paraître toujours sûr de soi et de ce que l'on dit, dissimuler les difficultés et les incertitudes, ne jamais rien énoncer sous forme dubitative, c'est en effet le moyen le plus facile de se faire prendre au sérieux et d'acquérir de l'autorité lorsqu'on a affaire à un public généralement incompétent et incapable de discernement, soit qu'on s'adresse à des élèves, soit qu'on veuille faire œuvre de vulgarisation. Cette même attitude est naturellement prise, et cette fois d'une façon incontestablement sincère, par ceux qui reçoivent un tel enseignement ; aussi est-elle communément celle de ce qu'on appelle le « grand public », et l'esprit « scientiste » peut être observé dans toute sa plénitude, avec ce caractère de croyance aveugle, chez les hommes qui ne possèdent qu'une demi-instruction, dans les milieux où règne la mentalité que l'on qualifie souvent de « primaire », bien qu'elle ne soit pas l'apanage exclusif du degré d'enseignement qui porte cette désignation.

Nous avons prononcé tout a l'heure le mot de « vulgarisation » ; c'est là encore une chose tout à fait particulière à la civilisation moderne, et l'on peut y voir un des principaux facteurs de cet état d'esprit que nous essayons présentement de décrire. C'est une des formes que revêt cet étrange besoin de propagande dont est animé l'esprit occidental, et qui ne peut s'expliquer que par l'influence prépondérante des éléments sentimentaux ; nulle considération intellectuelle ne justifie le prosélytisme, dans lequel les Orientaux ne voient qu'une preuve d'ignorance et d'incompréhension ; ce sont deux choses entièrement différentes que d'exposer simplement la vérité telle qu'on l'a comprise, en n'y apportant que l'unique préoccupation de ne pas la dénaturer, et de vouloir à toute force faire partager par d'autres sa propre conviction. La propagande et la vulgarisation ne sont même possibles qu'au détriment de la vérité : prétendre mettre celle-ci « à la portée de tout le monde », la rendre accessible à tous indistinctement, c'est nécessairement l'amoindrir et la déformer, car il est impossible d'admettre que tous les hommes soient également capables de comprendre n'importe quoi : ce n'est pas une question d'instruction plus ou moins étendue, c'est une question d'« horizon intellectuel », et c'est là quelque chose qui ne peut se modifier, qui est inhérent à la nature même de chaque individu humain. Le préjugé chimérique de l'« égalité » va à l'encontre des faits les mieux établis, dans l'ordre intellectuel aussi bien que dans l'ordre physique ; c'est la négation de toute hiérarchie naturelle, et c'est l'abaissement de toute connaissance au niveau de l'entendement borné du vulgaire. On ne veut plus admettre rien qui dépasse la compréhension commune, et, effectivement, les conceptions scientifiques et philosophiques de notre époque, quelles que soient leurs prétentions, sont au fond de la plus lamentable médiocrité ; on n'a que trop bien réussi à éliminer tout ce qui aurait pu être incompatible avec le souci de la vulgarisation. Quoi que certains puissent en dire, la constitution d'une élite quelconque est inconciliable avec l'idéal démocratique ; ce qu'exige celui-ci, c'est la distribution d'un enseignement rigoureusement identique aux individus les plus inégalement doués, les plus différents d'aptitudes et de tempérament ; malgré tout, on ne peut empêcher cet enseignement de produire des résultats très variables encore, mais cela est contraire aux intentions de ceux qui l'ont institué. En tout cas, un tel système d'instruction est assurément le plus imparfait de tous, et la diffusion inconsidérée de connaissances quelconques est toujours plus nuisible qu'utile, car elle ne peut amener, d'une manière générale, qu'un état de désordre et d'anarchie. C'est à une telle diffusion que s'opposent les méthodes de l'enseignement traditionnel, tel qu'il existe partout en Orient où l'on sera toujours beaucoup plus persuadé des inconvénients très réels de l'« instruction obligatoire » que de ses bienfaits supposés. Les connaissances que le public occidental peut avoir à sa disposition ont beau n'avoir rien de transcendant, elles sont encore amoindries dans les ouvrages de vulgarisation, qui n'en exposent que les aspects les plus inférieurs, et en les faussant encore pour les simplifier ; et ces ouvrages insistent complaisamment sur les hypothèses les plus fantaisistes, les donnant audacieusement pour des vérités démontrées, et les accompagnant de ces ineptes déclamations qui plaisent tant à la foule. Une demi-science acquise par de telles lectures, ou par un enseignement dont tous les éléments sont puisés dans des manuels de même valeur, est autrement néfaste que l'ignorance pure et simple ; mieux vaut ne rien connaitre du tout que d'avoir l'esprit encombré d'idées fausses, souvent indéracinables, surtout lorsqu'elles ont été inculquées dès le plus jeune âge. L'ignorant garde du moins la possibilité d'apprendre s'il en trouve l'occasion ; il peut posséder un certain « bon sens » naturel, qui, joint à la conscience qu'il a ordinairement de son incompétence, suffit à lui éviter bien des sottises. L'homme qui a reçu une demi-instruction, au contraire, a presque toujours une mentalité déformée, et ce qu'il croit savoir lui donne une telle suffisance qu'il s'imagine pouvoir parler de tout indistinctement ; il le fait à tort et à travers, mais d'autant plus facilement qu'il est plus incompétent : toutes choses paraissent si simples à celui qui ne connaît rien !

D'ailleurs, même en laissant de côté les inconvénients de la vulgarisation proprement dite, et en envisageant la science occidentale dans sa totalité et sous ses aspects les plus authentiques, la prétention qu'affichent les représentants de cette science de pouvoir l'enseigner à tous sans aucune réserve est encore un signe d'évidente médiocrité. Aux yeux des Orientaux, ce dont l'étude ne requiert aucune qualification particulière ne peut avoir grande valeur et ne saurait rien contenir de vraiment profond ; et, en effet la science occidentale est tout extérieure et superficielle ;

pour la caractériser, au lieu de dire « savoir ignorant », nous dirions encore volontiers, et à peu près dans le même sens, « savoir profane ». À ce point de vue pas plus qu'aux autres, la philosophie ne se distingue vraiment de la science : on a parfois voulu la définir comme la « sagesse humaine » ; cela est vrai, mais à la condition d'insister sur ce qu'elle n'est que cela, une sagesse purement humaine, dans l'acception la plus limitée de ce mot, ne faisant appel à aucun élément d'un [62] ordre supérieur à la raison ; pour éviter toute équivoque, nous l'appellerions aussi « sagesse profane », mais cela revient à dire qu'elle n'est nullement une sagesse au fond qu'elle n'en est que l'apparence illusoire. Nous n'insisterons pas ici sur les conséquences de ce caractère « profane » de tout le savoir occidental moderne ; mais, pour montrer encore à quel point ce savoir est superficiel et factice, nous signalerons que les méthodes d'instruction en usage ont pour effet de mettre la mémoire presque entièrement à la place de l'intelligence : ce qu'on demande aux élèves, à tous les degrés de l'enseignement, c'est d'accumuler des connaissances, non de les assimiler ; on s'applique surtout aux choses dont l'étude n'exige aucune compréhension ; les faits sont substitués aux idées, et l'érudition est communément prise pour de la science réelle. Pour promouvoir ou discréditer telle ou telle branche de connaissance, telle ou telle méthode, il suffit de proclamer qu'elle est ou n'est pas « scientifique » ; ce qui est tenu officiellement pour « méthodes scientifiques », ce sont les procédés de l'érudition la plus inintelligente, la plus exclusive de tout ce qui n'est point la recherche des faits pour eux-mêmes, et jusque dans leurs détails les plus insignifiants ; et, chose digne de remarque, ce sont les « littéraires » qui abusent le plus de cette dénomination. Le prestige de cette étiquette « scientifique », alors même qu'elle n'est vraiment rien de plus qu'une étiquette, c'est bien le triomphe de l'esprit « scientiste » par excellence ; et ce respect qu'impose à la foule (y compris les prétendus « intellectuels ») l'emploi d'un simple mot, n'avons-nous pas raison de l'appeler « superstition de la science » ?

Naturellement, la propagande « scientiste » ne s'exerce pas seulement à l'intérieur, sous la double forme de l'« instruction obligatoire » et de la vulgarisation ; elle sévit aussi à l'extérieur, comme toutes les autres variétés du prosélytisme occidental. Partout où les Européens se sont installés, ils ont voulu répandre les soi-disant « bienfaits de l'instruction », et toujours suivant les mêmes méthodes, sans tenter la moindre adaptation, et sans se demander s'il n'existe pas déjà là quelque autre genre d'instruction ; tout ce qui ne vient pas d'eux doit être tenu pour nul et non avenu, et l'« égalité » ne permet pas aux différents peuples et aux différentes races d'avoir leur mentalité propre ; du reste, le principal « bienfait » qu'attendent de cette instruction ceux qui l'imposent, c'est probablement, toujours et partout, la destruction de l'esprit traditionnel. L'« égalité » si chère aux Occidentaux se réduit d'ailleurs, dès qu'ils sortent de chez eux, à la seule uniformité ; le reste de ce qu'elle implique n'est pas article d'exportation et ne concerne que les rapports des Occidentaux entre eux, car ils se croient incomparablement supérieurs à tous les autres hommes, parmi lesquels ils ne font guère de distinctions : les nègres les plus barbares et les Orientaux les plus cultivés sont traités à peu près de la même façon, puisqu'ils sont pareillement en dehors de l'unique « civilisation » qui ait droit à l'existence. Aussi les Européens se bornent-ils généralement à enseigner les plus rudimentaires de toutes leurs connaissances ; il n'est pas difficile de se figurer comment elles doivent être appréciées des Orientaux, à qui même ce qu'il y a de plus élevé dans ces connaissances semblerait remarquable surtout par son étroitesse et empreint d'une naïveté assez grossière. Comme les peuples qui ont une civilisation à eux se montrent plutôt réfractaires à cette instruction tant vantée, tandis que les peuples sans culture la subissent beaucoup plus docilement, les Occidentaux ne sont peut-être pas loin de juger les seconds supérieurs aux premiers ; ils réservent une estime au moins relative à ceux qu'ils regardent comme susceptibles de « s'élever » à leur niveau, ne fût-ce qu'après quelques siècles du régime d'« instruction obligatoire » et élémentaire. Malheureusement, ce que les Occidentaux appellent « s'élever », il en est qui, en ce qui les concerne, l'appelleraient « s'abaisser » ; c'est là ce qu'en pensent tous les Orientaux, même s'ils ne le disent pas, et s'ils préfèrent, comme cela arrive le plus souvent, s'enfermer dans le silence le plus dédaigneux, laissant, tellement cela leur importe peu, la vanité occidentale libre d'interpréter leur attitude comme il lui plaira.

Les Européens ont une si haute opinion de leur science qu'ils en croient le prestige irrésistible, et ils s'imaginent que les autres peuples doivent tomber en admiration devant leurs découvertes les plus insignifiantes ; cet état d'esprit, qui les conduit parfois à de singulières méprises, n'est pas tout nouveau, et nous en avons trouvé chez Leibnitz un exemple assez amusant. On sait que ce philosophe avait formé le projet d'établir ce qu'il appelait une « caractéristique universelle », c'est-à-dire une sorte d'algèbre généralisée, rendue applicable aux notions de tout ordre, au lieu d'être restreinte aux seules notions quantitatives ; cette idée lui avait d'ailleurs été inspirée par certains auteurs du moyen âge, notamment Raymond Lulle et Trithème. Or, au cours des études qu'il fit pour essayer de réaliser ce projet, Leibnitz fut amené à se préoccuper de la signification des caractères idéographiques qui constituent l'écriture chinoise, et plus particulièrement des figures symboliques qui forment la base du *Yi-king* ; on va voir comment il comprit ces dernières : « Leibnitz, dit L. Couturat ; croyait avoir trouvé par sa numération binaire (numération qui n'emploie que les signes 0 et 1, et dans laquelle il voyait une image de la création *ex nihilo*) l'interprétation des caractères de Fo-hi, symboles chinois mystérieux et d'une haute antiquité, dont les missionnaires européens et les Chinois eux-mêmes ne connaissaient pas le sens... Il proposait d'employer cette interprétation à la propagation de la foi en Chine, attendu qu'elle était propre à donner aux Chinois une haute idée de la science européenne, et à montrer l'accord de celle-ci avec les traditions vénérables et sacrées de la sagesse chinoise. Il joignit cette interprétation à l'exposé de son arithmétique binaire qu'il envoya à l'Académie des Sciences de Paris ». Voici, en effet, ce que nous lisons textuellement dans le mémoire dont il est ici question : « Ce qu'il y a de surprenant dans ce calcul (de l'Arithmétique binaire), c'est que cette Arithmétique par 0 et 1 se trouve contenir le mystère des lignes d'un ancien Roi et Philosophe nommé Fohy, qu'on croit avoir vécu il y a plus de quatre mille ans et que les Chinois regardent comme le Fondateur de leur Empire et de leurs sciences. Il y a plusieurs figures linéaires qu'on lui attribue, elles reviennent toutes à cette Arithmétique ; mais il suffit de mettre ici la *Figure de huit Cova* , comme on l'appelle, qui passe pour fondamentale, et d'y joindre l'explication qui est manifeste, pourvu qu'on remarque premièrement qu'une ligne entière signifie l'unité ou 1, et secondement qu'une ligne brisée signifie le zéro ou 0. Les Chinois ont perdu la signification des *Cova* ou Linéations de Fohy, peut-être depuis plus d'un millénaire d'années, et ils ont fait des commentaires là-dessus, où ils ont cherché je ne sais quels sens éloignés, de sorte qu'il a fallu que la vraie explication leur vînt maintenant des Européens. Voici comment : il n'y a guère plus de deux ans que j'envoyai au R. P. Bouvet, Jésuite français célèbre, qui demeure à Pékin, ma manière de compter par 0 et 1, et il n'en fallut pas davantage pour lui faire reconnaître que c'est la clef des figures de Fohy. Ainsi, m'écrivant le 14 novembre 1701, il m'a envoyé la grande figure de ce Prince Philosophe qui va à 64 , et ne laisse plus lieu de douter de la vérité de notre interprétation, de sorte qu'on peut dire que ce Père a déchiffré l'énigme de Fohy, à l'aide de ce que je lui avais communiqué. Et comme ces figures sont peut-être le plus ancien monument de science qui soit au monde, cette restitution de leur sens, après un si grand intervalle de temps, paraîtra d'autant plus curieuse... Et cet accord me donne une grande opinion de la profondeur des méditations de Fohy. Car ce qui nous paraît aisé maintenant, ne l'était pas tout dans ces temps éloignés... Or, comme l'on croit à la Chine que Fohy est encore auteur des caractères chinois, quoique fort altérés par la suite des temps, son essai d'Arithmétique fait juger qu'il pourrait bien s'y trouver encore quelque chose de considérable par rapport aux nombres et aux idées, si l'on pouvait déterrer le fondement de l'écriture chinoise, d'autant plus qu'on croit à la Chine qu'il a eu égard aux nombres en l'établissant. Le R.P. Bouvet est fort porté à pousser cette pointe, et très capable d'y réussir en bien des manières. Cependant je ne sais s'il y a jamais eu dans l'écriture chinoise un avantage approchant de celui qui doit être nécessairement dans une Caractéristique que je projette. C'est que tout raisonnement qu'on peut tirer des notions, pourrait être tiré de leurs Caractères par une manière de calcul, qui serait un des plus importants moyens d'aider l'esprit humain ». Nous avons tenu à reproduire tout au long ce curieux document, qui permet de mesurer jusqu'où pouvait aller la compréhension de celui que nous regardons pourtant comme le plus « intelligent » de tous les philosophes modernes : Leibnitz était persuadé à l'avance que sa « caractéristique », qu'il ne parvint d'ailleurs jamais à constituer (et les « logisticiens » d'aujourd'hui ne sont guère plus avancés), ne pourrait manquer d'être bien supérieure à l'idéographie chinoise ; et le plus beau, c'est qu'il pense faire grand honneur à Fo-hi en lui attribuant un « essai d'arithmétique » et la première idée de son petit jeu de numération. Il nous semble voir d'ici le sourire des Chinois, si on leur avait présenté cette interprétation quelque peu puérile, qui aurait été fort loin de leur donner « une haute idée de la science européenne », mais qui aurait été propre à leur en faire apprécier très exactement la portée réelle. La vérité est que les Chinois n'ont jamais « perdu la signification », ou plutôt les significations des symboles dont il s'agit ; seulement, ils ne se croyaient point obligés de les expliquer au premier venu, surtout s'ils jugeaient que ce serait peine perdue ; et Leibnitz, en parlant de « je ne sais quels sens éloignés », avoue en somme qu'il n'y comprend rien. Ce sont ces sens, soigneusement conservés par la tradition (que les commentaires ne font que suivre fidèlement) qui constituent « la vraie explication », et ils n'ont d'ailleurs rien de « mystique » ; mais quelle meilleure preuve d'incompréhension pouvait-on donner que de prendre des symboles métaphysiques pour « des caractères purement numéraux » ? Des symboles métaphysiques, voilà en effet ce que sont essentiellement les « trigrammes » et les « hexagrammes », représentation synthétique de théories susceptibles de recevoir des développements illimités, et susceptibles aussi d'adaptations multiples, si, au lieu de se tenir dans le domaine des principes, on en veut faire l'application à tel ou tel ordre déterminé. On aurait fort étonné Leibnitz si on lui avait dit que son interprétation arithmétique trouvait place aussi parmi ces sens qu'il rejetait sans les connaître, mais seulement à un rang tout à fait accessoire et subordonné ; car cette interprétation n'est pas fausse en elle-même, et elle est parfaitement compatible avec toutes les autres, mais elle est tout à fait incomplète et insuffisante, insignifiante même quand on l'envisage isolément, et ne peut prendre d'intérêt qu'en vertu de la correspondance analogique qui relie les sens inférieurs au sens supérieur, conformément à ce que nous avons dit de la nature des « sciences traditionnelles ». Le sens supérieur, c'est le sens métaphysique pur ; tout le reste, ce ne sont qu'applications diverses, plus ou moins importantes, mais toujours contingentes : c'est ainsi qu'il peut y avoir une application arithmétique comme il y en a une indéfinie d'autres, comme il y a par exemple une application logique, qui eût pu servir davantage au projet de Leibnitz s'il l'eût connue, comme il y a une application sociale, qui est le fondement du Confucianisme, comme il y a une application astronomique, la seule que les Japonais aient jamais pu saisir, comme il y a même une application divinatoire, que les Chinois regardent d'ailleurs comme une des plus inférieures de toutes, et dont ils abandonnent la pratique aux jongleurs errants. Si Leibnitz s'était trouvé en contact direct avec les Chinois, ceux-ci lui auraient peut-être expliqué (mais l'aurait-il compris ?) que même les chiffres dont il se servait pouvaient symboliser des idées d'un ordre beaucoup plus profond que les idées mathématiques, et que c'est en raison d'un tel symbolisme que les nombres jouaient un rôle dans la formation des idéogrammes, non moins que dans l'expression des doctrines pythagoriciennes (ce qui montre que ces choses n'étaient pas ignorées de l'antiquité occidentale). Les Chinois auraient même pu accepter la notation par 0 et 1, et prendre ces « caractères purement numéraux » pour représenter symboliquement les idées métaphysiques du *yin* et du *yang* (qui n'ont d'ailleurs rien à voir avec la conception de la création *ex nihilo*), tout en ayant bien des raisons de préférer, comme plus adéquate, la représentation fournie par les « linéations » de Fo-hi, dont l'objet propre et direct est dans le domaine métaphysique. Nous avons développé cet exemple parce qu'il fait apparaître clairement la différence qui existe entre le systématisme philosophique et la synthèse traditionnelle, entre la science occidentale et la sagesse orientale ; il n'est pas difficile de reconnaître, sur cet exemple qui a pour nous, lui aussi, une valeur de symbole, de quel côté se trouvent l'incompréhension et l'étroitesse de vues . Leibnitz, prétendant comprendre les symboles chinois mieux que les Chinois eux-mêmes, est un véritable précurseur des orientalistes, qui ont, les Allemands surtout, la même prétention à l'égard de toutes les conceptions et de toutes les doctrines orientales, et qui refusent de tenir le moindre compte de l'avis des représentants autorisés de ces doctrines : nous avons cité ailleurs le cas de Deussen s'imaginant expliquer Shankarâchârya aux Hindous, et l'interprétant à travers les idées de Schopenhauer ; ce sont bien là des manifestations d'une seule et même mentalité.

Nous devons faire encore à ce propos une dernière remarque : c'est que les Occidentaux, qui affichent si insolemment en toute occasion la croyance à leur propre supériorité et à celle de leur science, sont vraiment bien mal venus à traiter la sagesse orientale d'« orgueilleuse », comme certains d'entre eux le font parfois, sous prétexte qu'elle ne s'astreint point aux limitations qui leur sont coutumières, et parce qu'ils ne peuvent souffrir ce qui les dépasse ;

c'est là un des travers habituels de la médiocrité, et c'est ce qui fait le fond de l'esprit démocratique. L'orgueil, en réalité, est chose bien occidentale ; l'humilité aussi, d'ailleurs, et, si paradoxal que cela puisse sembler, il y a une solidarité assez étroite entre ces deux contraires : c'est un exemple de la dualité qui domine tout l'ordre sentimental, et dont le caractère propre des conceptions morales fournit la preuve la plus éclatante, car les notions de bien et de mal ne sauraient exister que par leur opposition même. En réalité, l'orgueil et l'humilité sont pareillement étrangers et indifférents à la sagesse orientale (nous pourrions aussi bien dire à la sagesse sans épithète), parce que celle-ci est d'essence purement intellectuelle, et entièrement dégagée de toute sentimentalité ; elle sait que l'être humain est à la fois beaucoup moins et beaucoup plus que ne le croient les Occidentaux, ceux d'aujourd'hui tout au moins, et elle sait aussi qu'il est exactement ce qu'il doit être pour occuper la place qui lui est assignée dans l'ordre universel. L'homme, nous voulons dire l'individualité humaine, n'a aucunement une situation privilégiée ou exceptionnelle, pas plus dans un sens que dans l'autre ; il n'est ni en haut ni en bas de l'échelle des êtres ; il représente tout simplement, dans la hiérarchie des existences, un état comme les autres, parmi une indéfinité d'autres, dont beaucoup lui sont supérieurs, et dont beaucoup aussi lui sont inférieurs. Il n'est pas difficile de constater, à cet égard même, que l'humilité s'accompagne très volontiers d'un certain genre d'orgueil : par la façon dont on cherche parfois en Occident à abaisser l'homme, on trouve moyen de lui attribuer en même temps une importance qu'il ne saurait avoir réellement, du moins en tant qu'individualité ; peut-être y a-t-il là un exemple de cette sorte d'hypocrisie inconsciente qui est, à un degré ou à un autre, inséparable de tout « moralisme », et dans laquelle les Orientaux voient assez généralement un des caractères spécifiques de l'Occidental. Du reste, ce contrepoids de l'humilité n'existe pas toujours, tant s'en faut ; il y a aussi, chez bon nombre d'autres Occidentaux, une véritable déification de la raison humaine, s'adorant elle-même, soit directement, soit à travers la science qui est son œuvre ; c'est la forme la plus extrême du rationalisme et du « scientisme », mais c'est aussi leur aboutissement le plus naturel et, somme toute, le plus logique. En effet, quand on ne connaît rien au delà de cette science et de cette raison, on peut bien avoir l'illusion de leur suprématie absolue ; quand on ne connaît rien de supérieur à l'humanité, et plus spécialement à ce type d'humanité que représente l'Occident moderne, on peut être tenté de la diviniser, surtout si le sentimentalisme s'en mêle (et nous avons montré qu'il est loin d'être incompatible avec le rationalisme). Tout cela n'est que la conséquence inévitable de cette ignorance des principes que nous avons dénoncée comme le vice capital de la science occidentale ; et, en dépit des protestations de Littré, nous ne pensons pas qu'Auguste Comte ait fait dévier le moins du monde le positivisme en voulant instaurer une « religion de l'Humanité ; ce « mysticisme » spécial n'était rien d'autre qu'un essai de fusion des deux tendances caractéristiques de la civilisation moderne. Bien mieux, il existe même un pseudo-mysticisme matérialiste : nous avons connu des gens qui allaient jusqu'à déclarer que, alors même qu'ils n'auraient aucun motif rationnel d'être matérialistes, ils le demeureraient cependant encore, uniquement parce qu'il est « plus beau » de « faire le bien » sans espoir d'aucune récompense possible. Ces gens, sur la mentalité de qui le « moralisme » exerce une si puissante influence (et leur morale, pour s'intituler « scientifique », n'en est pas moins purement sentimentale au fond), sont naturellement de ceux qui professent la « religion de la science » ; comme ce ne peut être en vérité qu'une « pseudo-religion », il est beaucoup plus juste, à notre avis, d'appeler cela « superstition de la science » ; une croyance qui ne repose que sur l'ignorance (même « savante ») et sur de vains préjugés ne mérite pas d'être considérée autrement que comme une vulgaire superstition.

3

LA SUPERSTITION DE LA VIE

Les Occidentaux reprochent souvent aux civilisations orientales, entre autres choses, leur caractère de fixité et de stabilité, qui leur apparaît comme la négation du progrès, et qui l'est bien en effet, nous le leur accordons volontiers ; mais, pour voir là un défaut, il faut croire au progrès. Pour nous, ce caractère indique que ces civilisations participent de l'immutabilité des principes sur lesquels elles s'appuient, et c'est là un des aspects essentiels de l'idée de tradition ; c'est parce que la civilisation moderne manque de principe qu'elle est éminemment changeante. Il ne faudrait pas croire, d'ailleurs, que la stabilité dont nous parlons va jusqu'à exclure toute modification, ce qui serait exagéré ; mais elle réduit la modification à n'être jamais qu'une adaptation aux circonstances, par laquelle les principes ne sont aucunement affectés, et qui peut au contraire l'en déduire strictement, pour peu qu'on les envisage non en soi, mais en vue d'une application déterminée ; et c'est pourquoi il existe, outre la métaphysique qui cependant se suffit à elle-même en tant que connaissance des principes, toutes les « sciences traditionnelles » qui embrassent l'ordre des existences contingentes, y compris les institutions sociales. Il ne faudrait pas non plus confondre immutabilité avec immobilité ; les méprises de ce genre sont fréquentes chez les Occidentaux, parce qu'ils sont généralement incapables de séparer la conception de l'imagination, et parce que leur esprit ne peut se dégager des représentations sensibles ; cela se voit très nettement chez des philosophes tels que Kant, qui ne peuvent pourtant pas être rangés parmi les « sensualistes ». L'immuable, ce n'est pas ce qui est contraire au changement, mais ce qui lui est supérieur, de même que le « supra-rationnel » n'est pas l'« irrationnel » ; il faut se défier de la tendance à arranger les choses en oppositions et en antithèses artificielles, par une interprétation à la fois « simpliste » et systématique, qui procède surtout de l'incapacité d'aller plus loin et de résoudre les contrastes apparents dans l'unité harmonique d'une véritable synthèse. Il n'en est pas moins vrai qu'il y a bien réellement, sous le rapport que nous envisageons ici comme sous beaucoup d'autres, une certaine opposition entre l'Orient et l'Occident, du moins dans l'état actuel des choses : il y a divergence, mais, qu'on ne l'oublie pas, cette divergence est unilatérale et non symétrique, elle est comme celle d'un rameau qui se sépare du tronc ; c'est la civilisation occidentale seule qui, en marchant dans le sens qu'elle a suivi au cours des derniers siècles, s'est éloignée des civilisations orientales au point que, entre celle-là et celles-ci, il semble n'y avoir pour ainsi dire plus aucun élément commun, aucun terme de comparaison, aucun terrain d'entente et de conciliation.

L'Occidental, mais spécialement l'Occidental moderne (c'est toujours de celui-là que nous voulons parler), apparaît comme essentiellement changeant et inconstant, comme voué au mouvement sans arrêt et à l'agitation incessante, et n'aspirant d'ailleurs point à en sortir ; son état est, en somme, celui d'un être qui ne peut parvenir à trouver son équilibre, mais qui, ne le pouvant pas, refuse d'admettre que la chose soit possible en elle-même ou simplement souhaitable, et va jusqu'à tirer vanité de son impuissance. Ce changement où il est enfermé et dans lequel il se complaît, dont il n'exige point qu'il le mène à un but quelconque, parce qu'il en est arrivé à l'aimer pour lui-même, c'est là, au fond, ce qu'il appelle « progrès », comme s'il suffisait de marcher dans n'importe quelle direction pour avancer sûrement ; mais avancer vers quoi, il ne songe même pas à se le demander ; et la dispersion dans la multiplicité qui est l'inévitable conséquence de ce changement sans principe et sans but, et même sa seule conséquence dont la réalité ne puisse être contestée, il l'appelle « enrichissement » ; encore un mot qui, par le grossier matérialisme de l'image qu'il évoque, est tout à fait typique et représentatif de la mentalité moderne. Le besoin d'activité extérieure porté à un tel degré, le goût de l'effort pour l'effort, indépendamment des résultats qu'on peut en obtenir, cela n'est point naturel à l'homme, du moins à l'homme normal, suivant l'idée qu'on s'en était faite partout et toujours ; mais cela est devenu en quelque façon naturel à l'Occidental, peut-être par un effet de cette habitude qu'Aristote dit être comme une seconde nature, mais surtout par l'atrophie des facultés supérieures de l'être, nécessairement corrélative du développement intensif des éléments inférieurs : celui qui n'a aucun moyen de se soustraire à l'agitation peut seul s'y satisfaire, de la même manière que celui dont l'intelligence est bornée à l'activité rationnelle trouve celle-ci admirable et sublime ; pour être pleinement à l'aise dans une sphère fermée, quelle qu'elle soit, il ne faut pas concevoir qu'il puisse y avoir quelque chose au-delà. Les aspirations de l'Occidental, seul entre tous les hommes (nous ne parlons pas des sauvages, sur lesquels il est d'ailleurs bien difficile de savoir au juste à quoi s'en tenir), sont d'ordinaire strictement limitées au monde sensible et à ses dépendances, parmi lesquelles nous comprenons tout l'ordre sentimental et une bonne partie de l'ordre rationnel ; assurément, il y a de louables exceptions, mais nous ne pouvons envisager ici que la mentalité générale et commune, celle qui est vraiment caractéristique du lieu et de l'époque.

Il faut encore noter, dans l'ordre intellectuel même, ou plutôt dans ce qui en subsiste, un phénomène étrange qui n'est qu'un cas particulier de l'état d'esprit que nous venons de décrire : c'est la passion de la recherche prise pour une fin en elle-même, sans aucun souci de la voir aboutir à une solution quelconque ; tandis que les autres hommes cherchent pour trouver et pour savoir, l'Occidental de nos jours cherche pour chercher ; la parole évangélique, *Quærite et invenietis*, est pour lui lettre morte, dans toute la force de cette expression, puisqu'il appelle précisément « mort » tout ce qui constitue un aboutissement définitif, comme il nomme « vie » ce qui n'est qu'agitation stérile. Le goût maladif de la recherche, véritable

« inquiétude mentale » sans terme et sans issue, se manifeste tout particulièrement dans la philosophie moderne, dont la plus grande partie ne représente qu'une série de problèmes tout artificiels, qui n'existent que parce qu'ils sont mal posés, qui ne naissent et ne subsistent que par des équivoques soigneusement entretenues ; problèmes insolubles à la vérité, étant donnée la façon dont on les formule, mais qu'on ne tient point à résoudre, et dont toute la raison d'être consiste à alimenter indéfiniment des controverses et des discussions qui ne conduisent à rien, qui ne doivent conduire à rien. Substituer ainsi la recherche à la connaissance (et nous avons déjà signalé, à cet égard, l'abus si remarquable des « théories de la connaissance »), c'est tout simplement renoncer à l'objet propre de l'intelligence, et l'on comprend bien que, dans ces conditions, certains en soient arrivés finalement à supprimer la notion même de la vérité, car la vérité ne peut être conçue que comme le terme que l'on doit atteindre, et ceux-là ne veulent point de terme à leur recherche ; cela ne saurait donc être chose intellectuelle, même en prenant l'intelligence dans son acception la plus étendue, non la plus haute et la plus pure ; et, si nous avons pu parler de « passion de la recherche », c'est qu'il s'agît bien, en effet, d'une invasion de la sentimentalité dans des domaines auxquels elle devrait demeurer étrangère. Nous ne protestons pas, bien entendu, contre l'existence même de la sentimentalité, qui est un fait naturel, mais seulement contre son extension anormale et illégitime : il faut savoir mettre chaque chose à sa place et l'y laisser, mais, pour cela il faut une compréhension de l'ordre universel qui échappe au monde occidental, où le désordre fait loi ; dénoncer le sentimentalisme, ce n'est point nier la sentimentalité, pas plus que dénoncer le rationalisme ne revient à nier la raison ; sentimentalisme et rationalisme ne représentent pareillement que des abus, encore qu'ils apparaissent à l'Occident moderne comme les deux termes d'une alternative dont il est incapable de sortir.

Nous avons déjà dit que le sentiment est extrêmement proche du monde matériel : ce n'est pas pour rien que le langage unit étroitement le sensible et le sentimental, et, s'il ne faut pas aller jusqu'à les confondre, ce ne sont que deux modalités d'un seul et même ordre de choses. L'esprit moderne est presque uniquement tourné vers l'extérieur, vers le domaine sensible ; le sentiment lui parait intérieur, et il veut souvent l'opposer sous ce rapport à la sensation ; mais cela est bien relatif, et la vérité est que l'« introspection » du psychologue ne saisit elle-même que des phénomènes, c'est-à-dire des modifications extérieures et superficielles de l'être ; il n'est de vraiment intérieur et profond que la partie supérieure de l'intelligence. Cela paraîtra étonnant à ceux qui, comme les intuitionnistes contemporains, ne connaissant de l'intelligence que la partie inférieure, représentée par les facultés sensibles et par la raison en tant qu'elle s'applique aux objets sensibles, la croient plus extérieure que le sentiment ; mais, au regard de l'intellectualisme transcendant des Orientaux, rationalisme et intuitionnisme se tiennent sur un même plan et s'arrêtent également à l'extérieur de l'être, en dépit des illusions par lesquelles l'une ou l'autre de ces conceptions croit saisir quelque chose de sa nature intime. Au fond, il ne s'agit jamais, dans tout cela, d'aller au delà des choses sensibles ; le différend ne porte que sur les procédés à mettre en œuvre pour atteindre ces choses, sur la manière dont il convient de les envisager, sur celui de leurs divers aspects qu'il importe de mettre le plus en évidence : nous pourrions dire que les uns préfèrent insister sur le côté « matière », les autres sur le côté « vie ». Ce sont là, en effet, les limitations dont la pensée occidentale ne peut s'affranchir : les Grecs étaient incapables de se libérer de la forme ; les modernes semblent surtout inaptes à se dégager de la matière, et, quand ils essaient de le faire, ils ne peuvent en tout cas sortir du domaine de la vie. Tout cela, la vie autant que la matière et plus encore que la forme, ce ne sont que des conditions d'existence spéciales au monde sensible ; tout cela est donc sur un même plan, comme nous le disions tout à l'heure. L'Occident moderne, sauf des cas exceptionnels, prend le monde sensible pour unique objet de connaissance ; qu'il s'attache de préférence à l'une ou à l'autre des conditions de ce monde, qu'il l'étudie sous tel ou tel point de vue, en le parcourant dans n'importe quel sens, le domaine où s'exerce son activité mentale n'en demeure pas moins toujours le même ; si ce domaine semble s'étendre plus ou moins, cela ne va jamais bien loin, lorsque ce n'est pas purement illusoire. Il y a d'ailleurs, à côté du monde sensible, divers prolongements qui appartiennent encore au même degré de l'existence universelle ; suivant que l'on considère telle ou telle condition, parmi celles qui définissent ce monde, on pourra atteindre parfois l'un ou l'autre de ces prolongements, mais on n'en restera pas moins enfermé dans un domaine spécial et déterminé. Quand Bergson dit que l'intelligence a la matière pour objet naturel, il a tort d'appeler intelligence ce dont il veut parler, et il le fait parce que ce qui est vraiment intellectuel lui est inconnu ; mais il a raison au fond s'il vise seulement, sous cette dénomination fautive, la partie la plus inférieure de l'intelligence, ou plus précisément l'usage qui en est fait communément dans l'Occident actuel. Quant à lui, c'est bien à la vie qu'il s'attache essentiellement : on sait le rôle que joue l'« élan vital » dans ses théories, et le sens qu'il donne à ce qu'il appelle la perception de la « durée pure » ; mais la vie, quelle que soit la « valeur » qu'on lui attribue, n'en est pas moins indissolublement liée à la matière, et c'est toujours le même monde qui est envisagé ici suivant une conception « organiciste », ou « vitaliste », ailleurs suivant une conception « mécaniste ». Seulement, quand on donne la prépondérance à l'élément vital sur l'élément matériel dans la constitution de ce monde, il est naturel que le sentiment prenne le pas sur la soi-disant intelligence, les intuitionnistes avec leur « torsion d'esprit », les pragmatistes avec leur « expérience intérieure », font tout simplement appel aux puissances obscures de l'instinct et du sentiment, qu'ils prennent pour le fond même de l'être, et, quand ils vont jusqu'au bout de leur pensée ou plutôt de leur tendance, ils en arrivent, comme William James, à proclamer finalement la suprématie du « subconscient », par la plus incroyable subversion de l'ordre naturel que l'histoire des idées ait jamais eu à enregistrer.

La vie, considérée en elle-même, est toujours changement, modification incessante ; il est donc compréhensible qu'elle exerce une telle fascination sur l'esprit de la civilisation moderne, dont le changement est aussi le caractère le plus frappant, celui qui apparaît à première vue, même si l'on s'en tient à un examen tout à fait superficiel. Quand on se trouve ainsi enfermé dans la vie et dans les conceptions qui s'y rapportent directement, on ne peut rien connaître de ce qui échappe au changement, de l'ordre transcendant et immuable qui est celui des principes universels ; il ne saurait donc plus y avoir aucune connaissance métaphysique possible, et nous sommes toujours ramené à cette constatation, comme conséquence inéluctable de chacune des caractéristiques de l'Occident actuel. Nous disons ici changement plutôt que mouvement, parce que le premier de ces deux termes est plus étendu que le second : le mouvement n'est que la modalité physique ou mieux mécanique du changement, et il est des conceptions qui envisagent d'autres modalités irréductibles à celle-là, qui leur réservent même le caractère plus proprement « vital », à l'exclusion du mouvement entendu au sens ordinaire, c'est-à-dire comme un simple changement de situation. Là encore, il ne faudrait pas exagérer certaines oppositions, qui ne sont telles que d'un point de vue plus ou moins borné : ainsi, une théorie mécaniste est, par définition, une théorie qui prétend tout expliquer par la matière et le mouvement ; mais, en donnant à l'idée de vie toute l'extension dont elle est susceptible, on pourrait y faire rentrer le mouvement lui-même, et l'on s'apercevrait alors que les théories soi-disant opposées ou antagonistes sont, au fond, beaucoup plus équivalentes que ne veulent l'admettre leurs partisans respectifs ; il n'y a guère, de part et d'autre, qu'un peu plus ou un peu moins d'étroitesse de vues. Quoi qu'il en soit, une conception qui se présente comme une « philosophie de la vie » est nécessairement, par là même, une « philosophie du devenir » ; nous voulons dire qu'elle est enfermée dans le devenir et n'en peut sortir (devenir et changement étant synonymes), ce qui l'amène à placer toute réalité dans ce devenir, à nier qu'il y ait quoi que ce soit en dehors ou au delà, puisque l'esprit systématique est ainsi fait qu'il s'imagine inclure dans ses formules la totalité de l'Univers ; c'est encore là une négation formelle de la métaphysique. Tel est, notamment, l'évolutionnisme sous toutes ses formes, depuis les conceptions les plus mécanistes, y compris le grossier « transformisme », jusqu'à des théories du genre de celles de Bergson : rien d'autre que le devenir ne saurait y trouver place, et encore n'en envisage-t-on, à vrai dire, qu'une portion plus ou moins restreinte. L'évolution, ce n'est en somme que le changement, plus une illusion portant sur le sens et la qualité de ce changement : évolution et progrès sont une seule et même chose, aux complications près, mais on préfère souvent aujourd'hui le premier de ces deux mots parce qu'on lui trouve une allure plus « scientifique » ; l'évolutionnisme est comme un produit de ces deux grandes superstitions modernes, celle de la science et celle de la vie, et ce qui fait son succès, c'est précisément que le rationalisme et le sentimentalisme y trouvent l'un et l'autre leur satisfaction ; les proportions variables dans lesquelles se combinent ces deux tendances sont pour beaucoup dans la diversité des formes que revêt cette théorie. Les évolutionnistes mettent le changement partout, et jusqu'en Dieu même lorsqu'ils l'admettent : c'est ainsi que Bergson se représente Dieu comme « un centre d'où les mondes jailliraient, et qui n'est pas une *chose*, mais une continuité de jaillissement » ; et il ajoute expressément : « Dieu, ainsi défini, n'a rien de tout fait ; il est vie incessante, action, liberté ». Ce sont donc bien ces idées de vie et d'action qui constituent, chez nos contemporains, une véritable hantise, et qui se transportent ici dans un domaine qui voudrait être spéculatif ; en fait, c'est la suppression de la spéculation au profit de l'action qui envahit et absorbe tout. Cette conception d'un Dieu en devenir, qui n'est qu'immanent et non transcendant, celle aussi (qui revient au même) d'une vérité qui se fait, qui n'est qu'une sorte de limite idéale, sans rien d'actuellement réalisé, ne sont point exceptionnelles dans la pensée moderne ; les pragmatistes, qui ont adopté l'idée d'un Dieu limité pour des motifs surtout « moralistes », n'en sont pas les premiers inventeurs, car ce qui est censé évoluer doit être forcément conçu comme limité. Le pragmatisme, par sa dénomination même, se pose avant tout en « philosophie de l'action » ; son postulat plus ou moins avoué, c'est que l'homme n'a que des besoins d'ordre pratique, besoins à la fois matériels et sentimentaux ; c'est donc l'abolition de l'intellectualité ; mais, s'il en est ainsi, pourquoi vouloir encore faire des théories ? Cela se comprend assez mal ; et, comme le scepticisme dont il ne diffère qu'à l'égard de l'action, le pragmatisme, s'il voulait être conséquent avec lui-même, devrait se borner à une simple attitude mentale, qu'il ne peut même chercher à justifier logiquement sans se donner un démenti ; mais il est sans doute bien difficile de se maintenir strictement dans une telle réserve. L'homme, si déchu qu'il soit intellectuellement, ne peut s'empêcher tout au moins de raisonner, ne serait-ce que pour nier la raison ; les pragmatiques, d'ailleurs, ne la nient pas comme les sceptiques, mais ils veulent la réduire à un usage purement pratique ; venant après ceux qui ont voulu réduire toute l'intelligence à la raison, mais sans refuser à celle-ci un usage théorique, c'est un degré de plus dans l'abaissement. Il est même un point sur lequel la négation des pragmatistes va plus loin que celle des purs sceptiques : ceux-ci ne contestent pas que la vérité existe en dehors de nous, mais seulement que nous puissions l'atteindre ; les pragmatistes ; à l'imitation de quelques sophistes grecs (qui du moins ne se prenaient probablement pas au sérieux), vont jusqu'à supprimer la vérité même.

Vie et action sont étroitement solidaires ; le domaine de l'une est aussi celui de l'autre, et c'est dans ce domaine limité que se tient toute la civilisation occidentale, aujourd'hui plus que jamais. Nous avons dit ailleurs comment les Orientaux envisagent la limitation de l'action et de ses conséquences, comment ils opposent sous ce rapport la connaissance à l'action : la théorie extrême-orientale du « non-agir », la théorie hindoue de la « délivrance », ce sont là des choses inaccessibles à la mentalité occidentale ordinaire, pour laquelle il est inconcevable qu'on puisse songer à se libérer de l'action, et encore bien plus qu'on puisse effectivement y parvenir. Encore l'action n'est-elle communément envisagée que sous ses formes les plus extérieures, celles qui correspondent proprement au mouvement physique : de là ce besoin croissant de vitesse, cette trépidation fébrile, qui sont si particuliers à la vie contemporaine ; agir pour le plaisir d'agir, cela ne peut s'appeler qu'agitation, car il y a dans l'action même certains degrés à observer et certaines distinctions à faire. Rien ne serait plus facile que de montrer combien cela est incompatible avec tout ce qui est réflexion et concentration, donc avec les moyens essentiels de toute véritable connaissance ; c'est vraiment le triomphe de la dispersion, dans l'extériorisation la plus complète qui se puisse concevoir ; c'est la ruine définitive du reste d'intellectualité qui pouvait subsister encore, si rien ne vient réagir à temps contre ces funestes tendances. Heureusement, l'excès du mal peut amener une réaction, et les dangers même physiques qui sont inhérents à un développement aussi anormal peuvent finir par inspirer une crainte salutaire ; du reste, par là même que le domaine de l'action ne comporte que des possibilités fort restreintes, quelles que soient les apparences, il n'est pas possible que ce développement se poursuive indéfiniment, et, par la force des choses, un changement de direction s'imposera tôt ou tard. Mais, pour le moment, nous n'en sommes pas à envisager les possibilités d'un avenir peut-être lointain ; ce que nous considérons, c'est l'état actuel de l'Occident, et tout ce que nous en voyons confirme bien que progrès matériel et décadence intellectuelle se tiennent et s'accompagnent ; nous ne voulons pas décider lequel des deux est la cause ou l'effet de l'autre, d'autant plus qu'il s'agit en somme d'un ensemble complexe où les relations des divers éléments sont parfois réciproques et alternatives. Sans chercher à remonter aux origines du monde moderne et à la façon dont sa mentalité propre a pu se constituer, ce qui serait nécessaire pour résoudre entièrement la question, nous pouvons dire ceci : il a fallu déjà une dépréciation et un amoindrissement de l'intellectualité pour que le progrès matériel arrive à prendre une importance assez grande pour franchir certaines limites ; mais, une fois ce mouvement commencé, la préoccupation du progrès matériel absorbant peu à peu toutes les facultés de l'homme, l'intellectualité va encore en s'affaiblissant graduellement, jusqu'au point où nous la voyons aujourd'hui, et peut-être plus encore, quoique cela paraisse assurément difficile. Par contre, l'expansion de la sentimentalité n'est nullement incompatible avec le progrès matériel, parce que ce sont là, au fond, des choses qui sont presque du même ordre ; on nous excusera d'y revenir si souvent, car cela est indispensable pour comprendre ce qui se passe autour de nous. Cette expansion de la sentimentalité, se produisant corrélativement à la régression de l'intellectualité, sera d'autant plus excessive et plus désordonnée qu'elle ne rencontrera rien qui puisse la contenir ou la diriger efficacement, car ce rôle ne saurait être joué par le « scientisme », qui, nous l'avons vu, est loin d'être lui-même indemne de la contagion sentimentale, et qui n'a plus qu'une fausse apparence d'intellectualité.

Un des symptômes les plus remarquables de la prépondérance acquise par le sentimentalisme, c'est ce que nous appelons le « moralisme », c'est-à-dire la tendance nettement marquée à tout rapporter à des préoccupations d'ordre moral, ou du moins à y subordonner tout le reste, et particulièrement ce qui est regardé comme étant du domaine de l'intelligence. La morale, par elle-même, est chose essentiellement sentimentale ; elle représente un point de vue aussi relatif et contingent que possible, et qui, d'ailleurs, a toujours été propre à l'Occident ; mais le « moralisme » proprement dit est une exagération de ce point de vue, qui ne s'est produite qu'à une date assez récente. La morale, quelle que soit la base qu'on lui donne, et quelle que soit aussi l'importance qu'on lui attribue, n'est et ne peut être qu'une règle d'action ; pour des hommes qui ne s'intéressent plus qu'à l'action, il est évident qu'elle doit jouer un rôle capital, et ils s'y attachent d'autant plus que les considérations de cet ordre peuvent donner l'illusion de la pensée dans une période de décadence intellectuelle ; c'est là ce qui explique la naissance du « moralisme ». Un phénomène analogue s'était déjà produit vers la fin de la civilisation grecque, mais sans atteindre, à ce qu'il semble, les proportions qu'il a prises de notre temps ; en fait, à partir de Kant, presque toute la philosophie moderne est pénétrée de « moralisme », ce qui revient à dire qu'elle donne le pas à la pratique sur la spéculation, cette pratique étant d'ailleurs envisagée sous un angle spécial ; cette tendance arrive à son entier développement avec ces philosophies de la vie et de l'action dont nous avons parlé. D'autre part, nous avons signalé l'obsession, jusque chez les matérialistes les plus avérés, de ce qu'on appelle la « morale scientifique », ce qui représente exactement la même tendance ; qu'on la dise scientifique ou philosophique, suivant les goûts de chacun, ce n'est jamais qu'une expression du sentimentalisme, et cette expression ne varie même pas d'une façon très appréciable. Il y a en effet ceci de curieux, que les conceptions morales, dans un milieu donné, se ressemblent toutes extraordinairement, tout en prétendant se fonder sur des considérations différentes et même parfois contraires ; c'est ce qui montre bien le caractère artificiel des théories par lesquelles chacun s'efforce de justifier des règles pratiques qui sont toujours celles que l'on observe communément autour de lui. Ces théories, en somme, représentent simplement les préférences particulières de ceux qui les formulent ou qui les adoptent ; souvent aussi, un intérêt de parti n'y est point étranger : nous n'en voulons pour preuve que la façon dont la « morale laïque » (scientifique ou philosophique, peu importe) est mise en opposition avec la morale religieuse. Du reste, le point de vue moral ayant une raison d'être exclusivement sociale, l'intrusion de la politique en pareil domaine n'a rien dont on doive s'étonner outre mesure ; cela est peut-être moins choquant que l'utilisation, pour des fins similaires, de théories que l'on prétend purement scientifiques ; mais, après tout, l'esprit « scientiste » lui-même n'a-t-il pas été créé pour servir les intérêts d'une certaine politique ? Nous doutons fort que la plupart des partisans de l'évolutionnisme soient libres de toute arrière-pensée de ce genre ; et, pour prendre un autre exemple, la soi-disant « science des religions » ressemble bien plus à un instrument de polémique qu'à une science sérieuse ; ce sont là de ces cas auxquels nous avons fait allusion plus haut, et où le rationalisme est surtout un masque du sentimentalisme.

Ce n'est pas seulement chez les « scientistes » et chez les philosophes que l'on peut remarquer l'envahissement du « moralisme » ; il faut noter aussi, à cet égard, la dégénérescence de l'idée religieuse, telle qu'on la constate dans les innombrables sectes issues du protestantisme. Ce sont là les seules formes religieuses qui soient spécifiquement modernes, et elles se caractérisent par une réduction progressive de l'élément doctrinal au profit de l'élément moral ou sentimental ; ce phénomène est un cas particulier de l'amoindrissement général de l'intellectualité, et ce n'est pas par une coïncidence fortuite que l'époque de la Réforme est la même que celle de la Renaissance, c'est-à-dire précisément le début de la période moderne. Dans certaines branches du protestantisme actuel, la doctrine est arrivée à se dissoudre complètement, et, comme le culte, parallèlement, s'est réduit à peu près à rien, l'élément moral subsiste seul finalement : le « protestantisme libéral » n'est plus qu'un « moralisme » à étiquette religieuse ; on ne peut pas dire que ce soit encore une religion au sens strict de ce mot, puisque, sur les trois éléments qui entrent dans la définition de la religion, il n'en reste plus qu'un seul. À cette limite, ce serait plutôt une sorte de pensée philosophique spéciale ; du reste, ses représentants s'entendent généralement assez bien avec les partisans de la « morale laïque », dite aussi « indépendante », et il leur arrive même parfois de se solidariser ouvertement avec eux, ce qui montre qu'ils ont conscience de leurs affinités réelles. Pour désigner des choses de ce genre, nous employons volontiers le mot de « pseudo-religion » ; et nous appliquons aussi ce même mot à toutes les sectes « néo-spiritualistes », qui naissent et prospèrent surtout dans les pays protestants, parce que le « néo-spiritualisme » et le « protestantisme libéral » procèdent des mêmes tendances et du même état d'esprit : à la religion se substitue, par la suppression de l'élément intellectuel (ou son absence s'il s'agit de créations nouvelles), la religiosité, c'est-à-dire une simple aspiration sentimentale plus ou moins vague et inconsistante ; et cette religiosité est à la religion à peu près ce que l'ombre est au corps. On peut reconnaître ici l'« expérience religieuse » de William James (qui se complique de l'appel au « subconscient »), et aussi la « vie intérieure » au sens que lui donnent les modernistes, car le modernisme ne fut pas autre chose qu'une tentative faite pour introduire dans le catholicisme même la mentalité dont il s'agit, tentative qui se brisa contre la force de l'esprit traditionnel dont le catholicisme, dans l'Occident moderne, est apparemment l'unique refuge, à part les exceptions individuelles qui peuvent toujours exister en dehors de toute organisation.

C'est chez les peuples anglo-saxons que le « moralisme » sévit avec le maximum d'intensité, et c'est là aussi que le goût de l'action s'affirme sous les formes les plus extrêmes et les plus brutales ; ces deux choses sont donc bien liées l'une à l'autre comme nous l'avons dit. Il y a une singulière ironie dans la conception courante qui représente les Anglais comme un peuple essentiellement attaché à la tradition, et ceux qui pensent ainsi confondent tout simplement tradition avec coutume. La facilité avec laquelle on abuse de certains mots est vraiment extraordinaire : il en est qui sont arrivés à appeler « traditions » des usages populaires, ou même des habitudes d'origine toute récente, sans portée et sans signification ; quant à nous, nous nous refusons à donner ce nom a ce qui n'est qu'un respect plus ou moins machinal de certaines formes extérieures, qui parfois ne sont plus que des « superstitions » au sens étymologique du mot ; la vraie tradition est dans l'esprit d'un peuple, d'une race on d'une civilisation, et elle a des raisons d'être autrement profondes. L'esprit anglo-saxon est antitraditionnel en réalité, au moins autant que l'esprit français et l'esprit germanique, mais d'une manière peut-être un peu différente, car, en Allemagne, et en France dans une certaine mesure, c'est plutôt la tendance « scientiste » qui prédomine ; il importe peu d'ailleurs que ce soit le « moralisme » ou le « scientisme » qui prévaut, car, nous le répétons encore une fois, il serait artificiel de vouloir séparer entièrement ces deux tendances qui représentent les deux faces de l'esprit moderne, et qui se retrouvent dans des proportions diverses chez tous les peuples occidentaux. Il semble que la tendance « moraliste » l'emporte aujourd'hui assez généralement, tandis que la domination du « scientisme » était plus accentuée il y a peu d'années encore ; mais ce que l'une gagne n'est pas nécessairement perdu pour l'autre, puisqu'elles sont parfaitement conciliables, et, en dépit de toutes les fluctuations, la mentalité commune les associe assez étroitement : il y a place en elle, à la fois, pour toutes ces idoles dont nous parlions précédemment. Seulement, il y a comme une sorte de cristallisation d'éléments divers qui s'opère plutôt maintenant en prenant pour centre l'idée de « vie » et ce qui s'y rattache, comme elle s'opérait au XIXe siècle autour de l'idée de « science », et au XVIIIe autour de celle de « raison » ; nous parlons ici d'idées, mais nous ferions mieux de parler simplement de mots, car c'est bien la fascination des mots qui s'exerce là dans toute son ampleur. Ce qu'on nomme parfois « idéologie », avec une nuance péjorative chez ceux qui n'en sont pas dupes (car il s'en rencontre encore quelques-uns malgré tout), ce n'est proprement que du verbalisme ; et, à ce propos, nous pouvons reprendre le mot de « superstition », avec le sens étymologique auquel nous faisions allusion tout à l'heure, et qui désigne une chose qui se survit à elle-même, alors qu'elle a perdu sa véritable raison d'être. En effet, l'unique raison d'être des mots, c'est d'exprimer des idées ; attribuer une valeur aux mots par eux-mêmes, indépendamment des idées, ne mettre même aucune idée sous ces mots, et se laisser influencer par leur seule sonorité, cela est vraiment de la superstition. Le « nominalisme », à ses divers degrés, est l'expression philosophique de cette négation de l'idée, à laquelle il prétend substituer le mot ou l'image ; confondant la conception avec la représentation sensible, il ne laisse réellement subsister que cette dernière ; et, sous une forme ou sous une autre, il est extrêmement répandu dans la philosophie moderne, alors qu'il n'était autrefois qu'une exception. Cela est très significatif ; et il faut encore ajouter que le nominalisme est presque toujours solidaire de l'empirisme, c'est-à-dire de la tendance à rapporter à l'expérience, et plus spécialement à l'expérience sensible, l'origine et le terme de toute connaissance : négation de tout ce qui est véritablement intellectuel, c'est toujours là ce que nous retrouvons, comme élément commun, au fond de toutes ces tendances et de toutes ces opinions, parce que c'est là, effectivement, la racine de toute déformation mentale, et que cette négation est impliquée, à titre de présupposition nécessaire, dans tout ce qui contribue à fausser les conceptions de l'Occident moderne.

Nous avons surtout, jusqu'ici, présenté une vue d'ensemble de l'état actuel du monde occidental envisagé sous le rapport mental ; c'est par là qu'il faut commencer, car c'est de là que dépend tout le reste, et il ne peut y avoir de changement important et durable qui ne porte d'abord sur la mentalité générale. Ceux qui soutiennent le contraire sont encore les victimes d'une illusion très moderne : ne voyant que les manifestations extérieures, ils prennent les effets pour les causes, et ils croient volontiers que ce qu'ils ne voient pas n'existe pas ; ce qu'on appelle « matérialisme historique », ou la tendance à tout ramener aux faits économiques, est un remarquable exemple de cette illusion. L'état des choses est devenu tel que les faits de cet ordre ont effectivement acquis, dans l'histoire contemporaine, une importance qu'ils n'avaient jamais eue dans le passé ; mais pourtant leur rôle n'est pas et ne pourra jamais être exclusif. Du reste, qu'on ne s'y trompe pas : les « dirigeants », connus ou inconnus, savent bien que, pour agir efficacement, il leur faut avant tout créer et entretenir des courants d'idées ou de pseudo-idées, et ils ne s'en font pas faute ; alors même que ces courants sont purement négatifs, ils n'en sont pas moins de nature mentale, et c'est dans l'esprit des hommes que doit d'abord germer ce qui se réalisera ensuite à l'extérieur ; même pour abolir l'intellectualité, il faut en premier lieu persuader les esprits de son inexistence et tourner leur activité dans une autre direction. Ce n'est pas que nous soyons de ceux qui prétendent que les idées mènent le monde directement ; c'est encore une formule dont on a beaucoup abusé, et la plupart de ceux qui l'emploient ne savent guère ce qu'est une idée, si même ils ne la confondent pas totalement avec le mot ; en d'autres termes, ce ne sont bien souvent que des « idéologues », et les pires rêveurs « moralistes » appartiennent précisément à cette catégorie : au nom des chimères qu'ils appellent « droit » et « justice », et qui n'ont rien à voir avec les idées vraies, ils ont exercé dans les événements récents une influence trop néfaste et dont les conséquences se font trop lourdement sentir pour qu'il soit nécessaire d'insister sur ce que nous voulons dire ; mais il n'y a pas que des naïfs en pareil cas, il y a aussi, comme toujours, ceux qui les mènent à leur insu, qui les exploitent et qui se servent d'eux en vue d'intérêts beaucoup plus positifs. Quoi qu'il en soit, comme nous sommes tenté de le redire à tout instant, ce qui importe avant tout, c'est de savoir mettre chaque chose à sa vraie place : l'idée pure n'a aucun rapport immédiat avec le domaine de l'action, et elle ne peut avoir sur l'extérieur l'influence directe qu'exerce le sentiment ; mais l'idée n'en est pas moins le principe, ce par quoi tout doit commencer, sous peine d'être dépourvu de toute base solide. Le sentiment, s'il n'est guidé et contrôlé par l'idée, n'engendre qu'erreur, désordre et obscurité ; il ne s'agit pas d'abolir le sentiment, mais de le maintenir dans ses bornes légitimes, et de même pour toutes les autres contingences. La restauration d'une véritable intellectualité. ne fût-ce que dans une élite restreinte, au moins au début, nous apparaît comme le seul moyen de mettre fin à la confusion mentale qui règne en Occident ; ce n'est que par là que peuvent être dissipées tant de vaines illusions qui encombrent l'esprit de nos contemporains, tant de superstitions autrement ridicules et dénuées de fondement que toutes celles dont se moquent à tort et à travers les gens qui veulent passer pour « éclairés » ; et ce n'est que par là aussi que l'on pourra trouver un terrain d'entente avec les peuples orientaux. En effet, tout ce que nous avons dit représente fidèlement, non seulement notre propre pensée, qui n'importe guère en elle-même, mais aussi, ce qui est bien plus digne de considération, le jugement que l'Orient porte sur l'Occident, lorsqu'il consent à s'en occuper autrement que pour opposer à son action envahissante cette résistance toute passive que l'Occident ne peut comprendre, parce qu'elle suppose une puissance intérieure dont il n'a pas l'équivalent, et contre laquelle nulle force brutale ne saurait prévaloir.

Cette puissance est au delà de la vie, elle est supérieure à l'action et à tout ce qui passe, elle est étrangère au temps et est comme une participation de l'immutabilité suprême ; si l'Oriental peut subir patiemment la domination matérielle de l'Occident, c'est parce qu'il sait la relativité des choses transitoires, et c'est parce qu'il porte, au plus profond de son être, la conscience de l'éternité.

4

TERREURS CHIMÉRIQUES ET DANGERS RÉELS

Les Occidentaux, malgré la haute opinion qu'ils ont d'eux-mêmes et de leur civilisation, sentent bien que leur domination sur le reste du monde est loin d'être assurée d'une manière définitive, qu'elle peut être à la merci d'événements qu'il leur est impossible de prévoir et à plus forte raison d'empêcher. Seulement, ce qu'ils ne veulent pas voir, c'est que la cause principale des dangers qui les menacent réside dans le caractère même de la civilisation européenne : tout ce qui ne s'appuie que sur l'ordre matériel, comme c'est le cas, ne saurait avoir qu'une réussite passagère ; le changement, qui est la loi de ce domaine essentiellement instable, peut avoir les pires conséquences à tous égards, et cela avec une rapidité d'autant plus foudroyante que la vitesse acquise est plus grande ; l'excès même du progrès matériel risque fort d'aboutir à quelque cataclysme. Que l'on songe à l'incessant perfectionnement des moyens de destruction, au rôle de plus en plus considérable qu'ils jouent dans les guerres modernes, aux perspectives peu rassurantes que certaines inventions ouvrent pour l'avenir, et l'on ne sera guère tenté de nier une telle possibilité ; du reste, les machines qui sont expressément destinées à tuer ne sont pas les seules dangereuses. Au point où les choses en sont arrivées dès maintenant, il n'est pas besoin de beaucoup d'imagination pour se représenter l'Occident finissant par se détruire lui-même, soit dans une guerre gigantesque dont la dernière ne donne encore qu'une faible idée, soit par les effets imprévus de quelque produit qui, manipulé maladroitement, serait capable de faire sauter, non plus une usine ou une ville, mais tout un continent. Certes, il est encore permis d'espérer que l'Europe et même l'Amérique s'arrêteront dans cette voie et se ressaisiront avant d'en être venues à de telles extrémités ; de moindres catastrophes peuvent leur être d'utiles avertissements et, par la crainte qu'elles inspireront, provoquer l'arrêt de cette course vertigineuse qui ne peut mener qu'à un abîme. Cela est possible, surtout s'il s'y joint quelques déceptions sentimentales un peu trop fortes, propres à détruire dans la masse l'illusion du « progrès moral » ; le développement excessif du sentimentalisme pourrait donc contribuer aussi à ce résultat salutaire, et il le faut bien si l'Occident, livré à lui-même, ne doit trouver que dans sa propre mentalité les moyens d'une réaction qui deviendra nécessaire tôt ou tard. Tout cela, d'ailleurs, ne suffirait point pour imprimer à la civilisation occidentale, à ce moment même, une autre direction, et, comme l'équilibre n'est guère réalisable dans de telles conditions, il y aurait encore lieu de redouter un retour à la barbarie pure et simple, conséquence assez naturelle de la négation de l'intellectualité.

Quoi qu'il en soit de ces prévisions peut-être lointaines, les Occidentaux d'aujourd'hui en sont encore à se persuader que le progrès, ou ce qu'ils appellent ainsi, peut et doit être continu et indéfini ; s'illusionnent plus que jamais sur leur propre compte, ils se sont donné à eux-mêmes la mission de faire pénétrer ce progrès partout, en l'imposant au besoin par la force aux peuples qui ont le tort, impardonnable à leurs yeux, de ne pas l'accepter avec empressement. Cette fureur de propagande, à laquelle nous avons déjà fait allusion, est fort dangereuse pour tout le monde, mais surtout pour les Occidentaux eux-mêmes, qu'elle fait craindre et détester ; l'esprit de conquête n'avait jamais été poussé aussi loin, et surtout il ne s'était jamais déguisé sous ces dehors hypocrites qui sont le propre du « moralisme » moderne. L'Occident oublie, d'ailleurs, qu'il n'avait aucune existence historique à une époque où les civilisations orientales avaient déjà atteint leur plein développement ; avec ses prétentions, il apparaît aux Orientaux comme un enfant qui, fier d'avoir acquis rapidement quelques connaissances rudimentaires, se croirait en possession du savoir total et voudrait l'enseigner à des vieillards remplis de sagesse et d'expérience. Ce ne serait là qu'un travers assez inoffensif, et dont il n'y aurait qu'à sourire, si les Occidentaux n'avaient à leur disposition la force brutale ; mais l'emploi qu'ils font de celle-ci change entièrement la face des choses, car c'est là qu'est le véritable danger pour ceux qui, bien involontairement, entrent en contact avec eux, et non dans une « assimilation » qu'ils sont parfaitement incapables de réaliser, n'étant ni intellectuellement ni même physiquement qualifiés pour y parvenir. En effet, les peuples européens, sans doute parce qu'ils sont formés d'éléments hétérogènes et ne constituent pas une race à proprement parler, sont ceux dont les caractères ethniques sont les moins stables et disparaissent le plus rapidement en se mêlant à d'autres races ; partout où il se produit de tels mélanges, c'est toujours l'Occidental qui est absorbé, bien loin de pouvoir absorber les autres. Quant au point de vue intellectuel, les considérations que nous avons exposées jusqu'ici nous dispensent d'y insister ; une civilisation qui est sans cesse en mouvement, qui n'a ni tradition ni principe profond, ne peut évidemment exercer une influence réelle sur celles qui possèdent précisément tout ce qui lui manque à elle-même ; et, si l'influence inverse ne s'exerce pas davantage en fait, c'est seulement parce que les Occidentaux sont incapables de comprendre ce qui leur est étranger : leur impénétrabilité, à cet égard, n'a d'autre cause qu'une infériorité mentale, tandis que celle des Orientaux est faite d'intellectualité pure.

Il est des vérités qu'il est nécessaire de dire et de redire avec insistance, si déplaisantes qu'elles soient pour beaucoup de gens : toutes les supériorités dont se targuent les Occidentaux sont purement imaginaires, à l'exception de la seule supériorité matérielle ; celle-là n'est que trop réelle, personne ne la leur conteste, et, au fond, personne ne la leur envie non plus ; mais le malheur est qu'ils en abusent. Pour quiconque a le courage de voir les choses telles qu'elles sont, la conquête coloniale ne peut, pas plus qu'aucune autre conquête par les armes, reposer sur un autre droit que celui de la force brutale ; qu'on invoque la nécessité, pour un peuple qui se trouve trop à l'étroit chez lui, d'étendre son champ d'activité, et qu'on dise qu'il ne peut le faire qu'aux dépens de ceux qui sont trop faibles pour lui résister, nous le voulons bien, et nous ne voyons même pas comment on pourrait empêcher que des choses de ce genre se produisent ; mais que, du moins, on ne prétende pas faire intervenir là-dedans les intérêts de la « civilisation », qui n'ont rien à y voir. C'est là ce que nous appelons l'hypocrisie « moraliste » : inconsciente dans la masse, qui ne fait jamais qu'accepter docilement les idées qu'on lui inculque, elle ne doit pas l'être chez tous au même degré, et nous ne pouvons admettre que les hommes d'État, en particulier, soient dupes de la phraséologie qu'ils emploient lorsqu'une nation européenne s'empare d'un pays quelconque, ne fût-il habité que par des tribus vraiment barbares, on ne nous fera pas croire que c'est pour avoir le plaisir ou l'honneur de « civiliser » ces pauvres gens, qui ne l'ont point demandé, qu'on entreprend une expédition coûteuse, puis des travaux de toutes sortes ; il faut être bien naïf pour ne pas se rendre compte que le vrai mobile est tout autre, qu'il réside dans l'espérance de profits plus tangibles. Ce dont il s'agit avant tout, quels que soient les prétextes invoqués, c'est d'exploiter le pays, et bien souvent, si on le peut, ses habitants en même temps, car on ne saurait tolérer qu'ils continuent à y vivre à leur guise, même s'ils sont peu gênants ; mais, comme ce mot d'« exploiter » sonne mal, cela s'appelle, dans le langage moderne, « mettre en valeur » un pays : c'est la même chose, mais il suffit de changer le mot pour que cela ne choque plus la sensibilité commune. Naturellement, quand la conquête est accomplie, les Européens donnent libre cours à leur prosélytisme, puisque c'est pour eux un véritable besoin ; chaque peuple y apporte son tempérament spécial, les uns le font plus brutalement, les autres avec plus de ménagements, et cette dernière attitude, alors même qu'elle n'est point l'effet d'un calcul, est sans doute la plus habile. Quant aux résultats obtenus, on oublie toujours que la civilisation de certains peuples n'est pas faite pour les autres, dont la mentalité est différente ; lorsqu'on a affaire à des sauvages, le mal n'est peut-être pas bien grand, et pourtant, en adoptant les dehors de la civilisation européenne (car cela reste bien superficiel), ils sont généralement plus portés à en imiter les mauvais côtés qu'à prendre ce qu'elle peut avoir de bon. Nous ne voulons pas insister sur cet aspect de la question, que nous n'envisageons qu'incidemment ; ce qui est autrement grave, c'est que les Européens, quand ils se trouvent en présence de peuples civilisés, se comportent avec eux comme s'ils avaient affaire à des sauvages, et c'est alors qu'ils se rendent véritablement insupportables ; et nous ne parlons pas seulement des gens peu recommandables parmi lesquels colons et fonctionnaires se recrutent trop souvent, nous parlons des Européens presque sans exception. C'est un étrange état d'esprit, surtout chez des hommes qui parlent sans cesse de « droit » et de « liberté », que celui qui les porte à dénier aux civilisations autres que la leur le droit à une existence indépendante ; c'est là tout ce qu'on leur demanderait dans bien des cas, et ce n'est pas se montrer trop exigeant ; il est des Orientaux qui, à cette seule condition, s'accommoderaient même d'une administration étrangère, tellement le souci des contingences matérielles existe peu pour eux ; ce n'est que lorsqu'elle s'attaque à leurs institutions traditionnelles que la domination européenne leur devient intolérable. Mais c'est justement à cet esprit traditionnel que les Occidentaux s'en prennent avant tout, parce qu'ils le craignent d'autant plus qu'ils le comprennent moins, en étant eux-mêmes dépourvus ; les hommes de cette sorte ont peur instinctivement de tout ce qui les dépasse ; tontes leurs tentatives à cet égard demeureront toujours vaines, car il y a là une force dont ils ne soupçonnent pas l'immensité ; mais, si leur indiscrétion leur attire certaines mésaventures, ils ne peuvent s'en prendre qu'à eux-mêmes. On ne voit pas, du reste, au nom de quoi ils veulent obliger tout le monde à s'intéresser exclusivement à ce qui les intéresse, à mettre les préoccupations économiques au premier rang, ou à adopter le régime politique qui a leurs préférences, et qui, même en admettant qu'il soit le meilleur pour certains peuples, ne l'est pas nécessairement pour tous ; et le plus extraordinaire, c'est qu'ils ont de semblables prétentions, non seulement vis-à-vis des peuples qu'ils ont conquis, mais aussi vis-à-vis de ceux chez lesquels ils sont parvenus à s'introduire et à s'installer tout en ayant l'air de respecter leur indépendance ; en fait, ils étendent ces prétentions à l'humanité tout entière.

S'il en était autrement, il n'y aurait pas, en général, de préventions ni d'hostilité systématique contre les Occidentaux ; leurs relations avec les autres hommes seraient ce que sont les relations normales entre peuples différents ; on les prendrait pour ce qu'ils sont, avec les qualités et les défauts qui leur sont propres, et, tout en regrettant peut-être de ne pouvoir entretenir avec eux des relations intellectuelles vraiment intéressantes, on ne chercherait guère à les changer, car les Orientaux ne font point de prosélytisme. Ceux mêmes d'entre les Orientaux qui passent pour être le plus fermés à tout ce qui est étranger, les Chinois, par exemple, verraient sans répugnance des Européens venir individuellement s'établir chez eux pour y faire du commerce, s'ils ne savaient trop bien, pour en avoir fait la triste expérience, à quoi ils s'exposent en les laissant faire, et quels empiétements sont bientôt la conséquence de ce qui, au début, semblait le plus inoffensif. Les Chinois sont le peuple le plus profondément pacifique qui existe ; nous disons pacifique et non « pacifiste », car ils n'éprouvent point le besoin de faire là-dessus de grandiloquentes théories humanitaires : la guerre répugne à leur tempérament, et voilà tout. Si c'est là une faiblesse en un certain sens relatif, il y a, dans la nature même de la race chinoise, une force d'un autre ordre qui en compense les effets, et dont la conscience contribue sans doute à rendre possible cet état d'esprit pacifique : cette race est douée d'un tel pouvoir d'absorption qu'elle a toujours assimilé tous ses conquérants successifs, et avec une incroyable rapidité ; l'histoire est là pour le prouver. Dans de pareilles conditions, rien ne saurait être plus ridicule que la chimérique terreur du « péril jaune », inventé jadis par Guillaume II, qui le symbolisa même dans un de ces tableaux à prétentions mystiques qu'il se plaisait à peindre pour occuper ses loisirs ; il faut toute l'ignorance de la plupart des Occidentaux, et leur incapacité à concevoir combien les autres hommes sont différents d'eux, pour en arriver à s'imaginer le peuple chinois se levant en armes pour marcher à la conquête de l'Europe ; une invasion chinoise, si elle devait jamais avoir lieu, ne pourrait être qu'une pénétration pacifique, et ce n'est pas là, en tout cas, un danger bien imminent. Il est vrai que, si les Chinois avaient la mentalité occidentale, les inepties odieuses qu'on débite publiquement sur leur compte en toute occasion auraient largement suffi pour les inciter à envoyer des expéditions en Europe ; il n'en faut pas tant pour servir de prétexte à une intervention armée de la part des Occidentaux, mais ces choses laissent les Orientaux parfaitement indifférents. On n'a jamais, à notre connaissance, osé dire la vérité sur la genèse des événements qui se produisirent en 1900 ; la voici en quelques mots : le territoire des légations européennes à Pékin est soustrait à la juridiction des autorités chinoises ; or il s'était formé, dans les dépendances de la légation allemande, un véritable repaire de voleurs, clients de la mission luthérienne, qui se répandaient de là dans la ville, pillaient tant qu'ils pouvaient, puis, avec leur butin, se repliaient dans leur refuge où, nul n'ayant le droit de les poursuivre, ils étaient assurés de l'impunité ; la population finit par en être exaspérée et menaça d'envahir le territoire de la légation pour s'emparer des malfaiteurs qui s'y trouvaient ; le ministre d'Allemagne voulut s'y opposer et se mit à haranguer la foule, mais il ne réussit qu'à se faire tuer dans la bagarre ; pour venger cet outrage, une expédition fut organisée sans tarder, et le plus curieux est que tous les États européens, même l'Angleterre, s'y laissèrent entraîner à la suite de l'Allemagne ; le spectre du « péril jaune » avait du moins servi à quelque chose en cette circonstance. Il va sans dire que les belligérants retirèrent d'ailleurs de leur intervention des bénéfices appréciables, surtout au point de vue économique ; et même il n'y eut pas que les États qui profitèrent de l'aventure : nous connaissons des personnages qui ont acquis des situations fort avantageuses pour avoir fait la guerre... dans les caves des légations ; il ne faudrait pas aller dire à ceux-là que le « péril jaune » n'est pas une réalité !

Mais, objectera-t-on, il n'y a pas que les Chinois, il y a aussi les Japonais, qui, eux, sont bien un peuple guerrier ; cela est vrai, mais d'abord les Japonais, issus d'un mélange où dominent les éléments malais, n'appartiennent pas véritablement à la race jaune, et par conséquent leur tradition a forcément un caractère différent. Si le Japon a maintenant l'ambition d'exercer son hégémonie sur l'Asie tout entière et de l'« organiser » à sa façon, c'est précisément parce que le Shintoïsme, tradition qui, à bien des égards, diffère profondément du Taoïsme chinois et qui accorde une grande importance aux rites guerriers, est entré en contact avec le nationalisme, emprunté naturellement à l'Occident — car les Japonais ont toujours excellé comme imitateurs — et s'est changé en un impérialisme tout à fait semblable à ce que l'on peut voir dans d'autres pays. Toutefois, si les Japonais s'engagent dans une pareille entreprise, ils rencontreront tout autant de résistance que les peuples européens, et peut-être même davantage encore. En effet, les Chinois n'éprouvent pour personne la même hostilité que pour les Japonais, sans doute parce que ceux-ci, étant leurs voisins, leur semblent particulièrement dangereux ; ils les redoutent, comme un homme qui aime sa tranquillité redoute tout ce qui menace de la troubler, et surtout ils les méprisent. C'est seulement au Japon que le prétendu « progrès » occidental a été accueilli avec un empressement d'autant plus grand qu'on croit pouvoir le faire servir à réaliser cette ambition dont nous parlions tout à l'heure ; et pourtant la supériorité des armements, même jointe aux plus remarquables qualités guerrières, ne prévaut pas toujours contre certaines forces d'un autre ordre : les Japonais s'en sont bien aperçus à Formose, et la Corée n'est pas non plus pour eux une possession de tout repos. Au fond, si les Japonais furent très facilement victorieux dans une guerre dont une bonne partie des Chinois n'eurent connaissance que lorsqu'elle fut terminée, c'est parce qu'ils furent alors favorisés, pour des raisons spéciales, par certains éléments hostiles à la dynastie mandchoue, et qui savaient bien que d'autres influences interviendraient à temps pour empêcher les choses d'aller trop loin. Dans un pays comme la Chine, bien des événements, guerres ou révolutions, prennent un aspect tout différent suivant qu'on les regarde de loin ou de près, et, si étonnant que cela paraisse, c'est l'éloignement qui les grossit : vus d'Europe, ils semblent considérables ; en Chine même, ils se réduisent à de simples incidents locaux.

C'est par une illusion d'optique du même genre que les Occidentaux attribuent une importance excessive aux agissements de petites minorités turbulentes, formées de gens que leurs propres compatriotes ignorent souvent totalement, et pour lesquels, en tout cas, ils n'ont pas la moindre considération. Nous voulons parler de quelques individus élevés en Europe ou en Amérique, comme il s'en rencontre aujourd'hui plus ou moins dans tous les pays orientaux, et qui, ayant perdu par cette éducation le sens traditionnel et ne sachant rien de leur propre civilisation, croient bien faire en affichant le « modernisme » le plus outrancier. Ces « jeunes » Orientaux, comme ils s'intitulent eux-mêmes pour mieux marquer leurs tendances, ne sauraient jamais acquérir chez eux une influence réelle ; parfois, on les utilise à leur insu pour jouer un rôle dont ils ne se doutent pas, et cela est d'autant plus facile qu'ils se prennent fort au sérieux ; mais il arrive aussi que, en reprenant contact avec leur race, ils sont peu à peu désabusés, se rendent compte que leur présomption était surtout faite d'ignorance, et finissent par redevenir de véritables Orientaux. Ces éléments ne représentent que d'infimes exceptions, mais, comme ils font quelque bruit au dehors, ils attirent l'attention des Occidentaux, qui les considèrent naturellement avec sympathie, et à qui ils font perdre de vue les multitudes silencieuses auprès desquelles ils sont absolument inexistants. Les vrais Orientaux ne cherchent guère à se faire connaître de l'étranger, et c'est ce qui explique des erreurs assez singulières ; nous avons souvent été frappé de la facilité avec laquelle se font accepter, comme d'authentiques représentants de la pensée orientale, quelques écrivains sans compétence et sans mandat, parfois même à la solde d'une puissance européenne, et qui n'expriment guère que des idées tout occidentales ; parce qu'ils portent des noms orientaux, on les croit volontiers sur parole, et, comme les termes de comparaison font défaut, on part de là pour attribuer à tous leurs compatriotes des conceptions ou des opinions qui n'appartiennent qu'à eux, et qui sont souvent aux antipodes de l'esprit oriental ; bien entendu, leurs productions sont strictement réservées au public européen ou américain, et, en Orient, personne n'en a jamais entendu parler.

En dehors des exceptions individuelles dont il vient d'être question, et aussi de l'exception collective qui est constituée par le Japon, le progrès matériel n'intéresse véritablement personne dans les pays orientaux, où on lui reconnaît peu d'avantages réels et beaucoup d'inconvénients ; mais il y a, à son égard, deux attitudes différentes, qui peuvent même sembler opposées extérieurement, et qui procèdent pourtant d'un même esprit. Les uns ne veulent à aucun prix entendre parler de ce prétendu progrès et, se renfermant dans une attitude de résistance purement passive, continuent à se comporter comme s'il n'existait pas ; les autres préfèrent accepter transitoirement ce progrès, tout en ne le regardant que comme une nécessité fâcheuse imposée par des circonstances qui n'auront qu'un temps, et uniquement parce qu'ils voient, dans les instruments qu'il peut mettre à leur disposition, un moyen de résister plus efficacement à la domination occidentale et d'en hâter la fin. Ces deux courants existent partout, en Chine, dans l'Inde et dans les pays musulmans ; si le second paraît actuellement tendre à l'emporter assez généralement sur le premier, il faudrait bien se garder d'en conclure qu'il y ait aucun changement profond dans la manière d'être de l'Orient ; toute la différence se réduit à une simple question d'opportunité, et ce n'est pas de là que peut venir un rapprochement réel avec l'Occident, bien au contraire. Les Orientaux qui veulent provoquer dans leur pays un développement industriel leur permettant de lutter désormais sans désavantage avec les peuples européens, sur le terrain même où ceux-ci déploient toute leur activité, ces Orientaux, disons-nous, ne renoncent pour cela à rien de ce qui est l'essentiel de leur civilisation ; de plus, la concurrence économique ne pourra être qu'une source de nouveaux conflits, si un accord ne s'établit pas dans un autre domaine et à un point de vue plus élevé. Il est cependant quelques Orientaux, bien peu nombreux, qui en sont arrivés à penser ceci : puisque les Occidentaux sont décidément réfractaires à l'intellectualité, qu'il n'en soit plus question ; mais on pourrait peut-être établir malgré tout, avec certains peuples de l'Occident, des relations amicales limitées au domaine purement économique. Cela aussi est une illusion : ou l'on commencera par s'entendre sur les principes, et toutes les difficultés secondaires s'aplaniront ensuite comme d'elles-mêmes, ou l'on ne parviendra jamais à s'entendre vraiment sur rien ; et c'est à l'Occident seul qu'il appartient de faire, s'il le peut, les premiers pas dans la voie d'un rapprochement effectif, parce que c'est de l'incompréhension dont il a fait preuve jusqu'ici que viennent en réalité tous les obstacles.

Il serait à souhaiter que les Occidentaux, se résignant enfin à voir la cause des plus dangereux malentendus là où elle est, c'est-à-dire en eux-mêmes, se débarrassent de ces terreurs ridicules dont le trop fameux « péril jaune » est assurément le plus bel exemple. On a coutume aussi d'agiter à tort et à travers le spectre du « panislamisme » ; ici, la crainte est sans doute moins absolument dénuée de fondement, car les peuples musulmans, occupant une situation intermédiaire entre l'Orient et l'Occident, ont à la fois certains traits de l'un et de l'autre, et ils ont notamment un esprit beaucoup plus combatif que celui des purs Orientaux ; mais enfin il ne faut rien exagérer. Le vrai panislamisme est avant tout une affirmation de principe, d'un caractère essentiellement doctrinal ; pour qu'il prenne la forme d'une revendication politique, il faut que les Européens aient commis bien des maladresses ; en tout cas, il n'a rien de commun avec un « nationalisme » quelconque, qui est tout à fait incompatible avec les conceptions fondamentales de l'Islam. En somme, dans bien des cas (et nous pensons surtout ici à l'Afrique du Nord), une politique d'« association » bien comprise, respectant intégralement la législation islamique, et impliquant une renonciation définitive à toute tentative d'« assimilation », suffirait probablement à écarter le danger, si danger il y a ; quand on songe par exemple que les conditions imposées pour obtenir la naturalisation française équivalent tout simplement à une abjuration (et il y aurait bien d'autres faits à citer dans le même ordre), on ne peut s'étonner qu'il y ait fréquemment des heurts et des difficultés qu'une plus juste compréhension des choses pourrait éviter très aisément ; mais, encore une fois, c'est précisément cette compréhension qui manque tout à fait aux Européens. Ce qu'il ne faut pas oublier, c'est que la civilisation islamique, dans tous ses éléments essentiels, est rigoureusement traditionnelle, comme le sont toutes les civilisations orientales ; cette raison est pleinement suffisante pour que le panislamisme, quelque forme qu'il revête, ne puisse jamais s'identifier avec un mouvement tel que le bolchevisme, comme semblent le redouter des gens mal informés. Nous ne voudrions aucunement formuler ici une appréciation quelconque sur le bolchevisme russe, car il est bien difficile de savoir exactement à quoi s'en tenir là-dessus : il est probable que la réalité est assez différente de ce qu'on en dit couramment, et plus complexe qu'adversaires et partisans ne le pensent ; mais ce qu'il y a de certain, c'est que ce mouvement est nettement antitraditionnel, donc d'esprit entièrement moderne et occidental. Il est profondément ridicule de prétendre opposer à l'esprit occidental la mentalité allemande ou même russe, et nous ne savons quel sens les mots peuvent avoir pour ceux qui soutiennent une telle opinion, non plus que pour ceux qui qualifient le bolchevisme d'« asiatique » ; en fait, l'Allemagne est au contraire un des pays où l'esprit occidental est porté à son degré le plus extrême ; et, quant aux Russes, même s'ils ont quelques traits extérieurs des Orientaux, ils en sont aussi éloignés intellectuellement qu'il est possible. Il faut ajouter que, dans l'Occident, nous comprenons aussi le judaïsme, qui n'a jamais exercé d'influence que de ce côté, et dont l'action n'a même peut-être pas été tout à fait étrangère à la formation de la mentalité moderne en général ; et, précisément, le rôle prépondérant joué dans le bolchevisme par les éléments israélites est pour les Orientaux, et surtout pour les Musulmans, un grave motif de se méfier et de se tenir à l'écart ; nous ne parlons pas de quelques agitateurs du type « jeune-turc », qui sont foncièrement antimusulmans, souvent aussi israélites d'origine, et qui n'ont pas la moindre autorité. Dans l'Inde non plus, le bolchevisme ne peut s'introduire, parce qu'il est en opposition avec toutes les institutions traditionnelles, et spécialement avec l'institution des castes ; à ce point de vue, les Hindous ne feraient pas de différence entre son action destructive et celle que les Anglais ont tentée depuis longtemps par toutes sortes de moyens, et, là où l'une a échoué, l'autre ne réussirait pas davantage. Pour ce qui est de la Chine, tout ce qui est russe y est généralement fort antipathique, et d'ailleurs l'esprit traditionnel n'y est pas moins solidement établi que dans tout le reste de l'Orient ; si certaines choses peuvent plus facilement y être tolérées à titre transitoire, c'est en raison de cette puissance d'absorption qui est propre à la race chinoise, et qui, même d'un désordre passager, permet de tirer finalement le parti le plus avantageux ; enfin, il ne faudrait pas, pour accréditer la légende d'accords inexistants et impossibles, invoquer la présence en Russie de quelques bandes de mercenaires qui ne sont que de vulgaires brigands, et dont les Chinois sont très heureux de se débarrasser au profit de leurs voisins. Quand les bolchevistes racontent qu'ils gagnent des partisans à leurs idées parmi les Orientaux, ils se vantent ou s'illusionnent ; la vérité, c'est que certains Orientaux voient dans la Russie, bolcheviste ou non, une auxiliaire possible contre la domination de certaines autres puissances occidentales ; mais les idées bolchevistes leur sont parfaitement indifférentes, et même, s'ils envisagent une entente ou une alliance temporaire comme acceptable dans certaines circonstances, c'est parce qu'ils savent bien que ces idées ne pourront jamais s'implanter chez eux ; s'il en était autrement, ils se garderaient de les favoriser le moins du monde. On peut bien accepter comme auxiliaires, en vue d'une action déterminée, des gens avec qui on n'a aucune pensée commune, pour lesquels on n'éprouve ni estime ni sympathie ; pour les vrais Orientaux, le bolchevisme, comme tout ce qui vient d'Occident, ne sera jamais qu'une force brutale ; si cette force peut momentanément leur rendre service, ils s'en féliciteront sans doute, mais on peut être assuré que, dès qu'ils n'auront plus rien à en attendre, ils prendront toutes les mesures voulues pour qu'elle ne puisse leur devenir nuisible. Du reste, les Orientaux qui aspirent à échapper à une domination occidentale ne consentiraient certainement pas à se placer, pour y parvenir, dans des conditions telles qu'ils risqueraient de retomber aussitôt sous une autre domination occidentale ; ils ne gagneraient rien au changement, et, comme leur tempérament exclut toute hâte fébrile, ils préféreront toujours attendre des circonstances plus favorables, si éloignées qu'elles apparaissent, plutôt que de s'exposer à une semblable éventualité.

Cette dernière remarque permet de comprendre pourquoi les Orientaux qui semblent les plus impatients de secouer le joug de l'Angleterre n'ont pas songé, pour le faire, à profiter de la guerre de 1914 : c'est qu'ils savaient bien que l'Allemagne, en cas de victoire, ne manquerait pas de leur imposer à tout le moins un protectorat plus ou moins déguisé, et qu'ils ne voulaient à aucun prix de ce nouvel asservissement. Aucun Oriental ayant eu l'occasion de voir les Allemands d'un peu près ne pense qu'il soit possible de s'entendre avec eux plus qu'avec les Anglais ; il en est d'ailleurs de même pour les Russes, mais l'Allemagne, avec son organisation formidable, inspire généralement, et à bon droit, plus de craintes que la Russie. Les Orientaux ne seront jamais pour aucune puissance européenne, mais ils seront toujours contre celles, quelles qu'elles soient, qui voudront les opprimer, et contre celles-là seulement ; pour tout le reste, leur attitude ne peut être que neutre. Nous ne parlons ici, bien entendu, qu'au seul point de vue politique et en ce qui concerne les États ou les collectivités ; il peut toujours y avoir des sympathies ou des antipathies individuelles qui restent en dehors de ces considérations, de même que, quand nous parlons de l'incompréhension occidentale, nous ne visons que la mentalité générale, sans préjudice des exceptions possibles. Ces exceptions sont d'ailleurs des plus rares ; néanmoins, si l'on est persuadé, comme nous le sommes, de l'intérêt immense que présente le retour à des relations normales entre l'Orient et l'Occident, il faut bien commencer dès maintenant à le préparer avec les moyens dont on dispose, si faibles soient-ils, et le premier de ces moyens, c'est de faire comprendre, à ceux qui en sont capables, quelles sont les conditions indispensables de ce rapprochement.

Ces conditions, nous l'avons dit, sont avant tout intellectuelles, et elles sont à la fois négatives et positives : d'abord, détruire tout les préjugés qui sont autant d'obstacles, et c'est à quoi tendent essentiellement toutes les considérations que nous avons exposées jusqu'ici ; ensuite, restaurer la véritable intellectualité, que l'Occident a perdue, et que l'étude de la pensée orientale, pour peu qu'elle soit entreprise comme elle doit l'être, peut l'aider puissamment à retrouver. Il s'agit là, en somme, d'une réforme complète de l'esprit occidental ; tel est, du moins, le but final à atteindre ; mais cette réforme, au début, ne pourrait évidemment être réalisée que dans une élite restreinte, ce qui serait d'ailleurs suffisant pour qu'elle porte ses fruits à une échéance plus ou moins lointaine, par l'action que cette élite ne manquerait pas d'exercer, même sans le rechercher expressément, sur tout le milieu occidental. Ce serait, selon toute vraisemblance, le seul moyen d'épargner à l'Occident les dangers très réels qui ne sont point ceux auxquels il croit, et qui le menaceront de plus en plus s'il continue à suivre ses voies actuelles ; et ce serait aussi le seul moyen de sauver de la civilisation occidentale, au moment voulu, tout ce qui pourrait en être conservé, c'est-à-dire tout ce qu'elle peut avoir d'avantageux sous quelques rapports et de compatible avec l'intellectualité normale, au lieu de la laisser disparaître totalement dans quelqu'un de ces cataclysmes dont nous indiquions la possibilité au début du présent chapitre, sans d'ailleurs vouloir risquer en cela la moindre prédiction. Surtout, si une telle éventualité venait à se réaliser, la constitution préalable d'une élite intellectuelle au vrai sens de ce mot pourrait seule empêcher le retour à la barbarie ; et même, si cette élite avait eu le temps d'agir assez profondément sur la mentalité générale, elle éviterait l'absorption ou l'assimilation de l'Occident par d'autres civilisations, hypothèse beaucoup moins redoutable que la précédente, mais qui présenterait cependant quelques inconvénients au moins transitoires, en raison des révolutions ethniques qui précéderaient nécessairement cette assimilation. À ce propos, et avant d'aller plus loin, nous tenons à préciser nettement notre attitude : nous n'attaquons point l'Occident en lui-même, mais seulement, ce qui est tout différent, l'esprit moderne, dans lequel nous voyons la cause de la déchéance intellectuelle de l'Occident ; rien ne serait plus souhaitable, à notre avis, que la reconstitution d'une civilisation proprement occidentale sur des bases normales, car la diversité des civilisations, qui a toujours existé, est la conséquence naturelle des différences mentales qui caractérisent les races. Mais la diversité dans les formes n'exclut aucunement l'accord sur les principes ; entente et harmonie ne veulent point dire uniformité, et penser le contraire serait sacrifier à ces utopies égalitaires contre lesquelles nous nous élevons précisément. Une civilisation normale, au sens où nous l'entendons, pourra toujours se développer sans être un danger pour les autres civilisations ; ayant conscience de la place exacte qu'elle doit occuper dans l'ensemble de l'humanité terrestre, elle saura s'y tenir et ne créera aucun antagonisme, parce qu'elle n'aura aucune prétention à l'hégémonie, et parce qu'elle s'abstiendra de tout prosélytisme. Nous n'oserions pas affirmer, cependant, qu'une civilisation qui serait purement occidentale pourrait avoir, intellectuellement, l'équivalent de tout ce que possèdent les civilisations orientales ; dans le passé de l'Occident, en remontant aussi loin que l'histoire nous le fait connaître, on ne trouve pas pleinement cet équivalent (sauf peut-être dans quelques écoles extrêmement fermées, et dont, pour cette raison, il est difficile de parler avec certitude) ; mais il s'y trouve néanmoins, à cet égard, des choses qui ne sont nullement négligeables, et que nos contemporains ont le plus grand tort d'ignorer systématiquement. En outre, si l'Occident arrive un jour à entretenir des relations intellectuelles avec l'Orient, nous ne voyons pas pourquoi il n'en profiterait pas pour suppléer à ce qui lui manquerait encore : on peut prendre des leçons ou des inspirations chez les autres sans abdiquer son indépendance, surtout si, au lieu de se contenter d'emprunts purs et simples, on sait adapter ce qu'on acquiert de la façon la plus conforme à sa propre mentalité. Mais, encore une fois, ce sont là des possibilités lointaines ; et, en attendant que l'Occident soit revenu à ses propres traditions, il n'est peut-être pas d'autre moyen, pour préparer ce retour et pour en retrouver les éléments, que de procéder par analogie avec les formes traditionnelles qui, existant encore actuellement, peuvent être étudiées d'une manière directe. Ainsi, la compréhension des civilisations orientales pourrait contribuer à ramener l'Occident aux voies traditionnelles hors desquelles il s'est jeté inconsidérément, tandis que, d'un autre côté, le retour à cette tradition réaliserait par lui-même un rapprochement effectif avec l'Orient : ce sont là deux choses qui sont intimement liées, de quelque façon qu'on les envisage, et qui nous apparaissent comme également utiles, voire même nécessaires. Tout cela pourra être mieux compris par ce que nous avons encore à dire ; mais on doit voir déjà que nous ne critiquons pas l'Occident pour le vain plaisir de critiquer, ni même pour faire ressortir son infériorité intellectuelle par rapport à l'Orient ; si le travail par lequel il faut commencer paraît surtout négatif, c'est qu'il est indispensable, comme nous le disions au début, de déblayer le terrain tout d'abord pour pouvoir ensuite y construire. En fait, si l'Occident renonçait à ses préjugés, la tâche serait à moitié accomplie, et même plus qu'à moitié peut-être, car rien ne s'opposerait plus à la constitution d'une élite intellectuelle, et ceux qui possèdent les facultés requises pour en faire partie, ne voyant plus se dresser devant eux les barrières presque infranchissables que créent les conditions actuelles, trouveraient dès lors facilement le moyen d'exercer et de développer ces facultés, au lieu qu'elles sont comprimées et étouffées par la formation ou plutôt la déformation mentale qui est imposée présentement à quiconque n'a pas le courage de se placer résolument en dehors des cadres conventionnels. Du reste, pour se rendre vraiment compte de l'inanité de ces préjugés dont nous parlons, il faut déjà un certain degré de compréhension positive, et, pour certains tout au moins, il est peut-être plus difficile d'atteindre ce degré que d'aller plus loin lorsqu'ils y sont parvenus ; pour une intelligence bien constituée, la vérité, si haute soit-elle, doit être plus assimilable que toutes les subtilités oiseuses où se complaît la « sagesse profane » du monde occidental.

POSSIBILITÉS DE RAPPROCHEMENT

1
TENTATIVES INFRUCTUEUSES

En formulant l'idée d'un rapprochement entre l'Orient et l'Occident, nous n'avons point la prétention d'émettre une idée nouvelle, ce qui, d'ailleurs, n'est nullement nécessaire pour qu'elle soit intéressante ; l'amour de la nouveauté, qui n'est pas autre chose que le besoin de changement, et la recherche de l'originalité, conséquence d'un individualisme intellectuel qui confine à l'anarchie, ce sont là des caractères propres à la mentalité moderne et par lesquels s'affirment les tendances anti traditionnelles. En fait, cette idée de rapprochement a pu venir déjà à l'esprit de bien des gens en Occident, ce qui ne lui enlève rien de sa valeur ni de son importance ;

mais nous devons constater qu'elle n'a produit jusqu'ici aucun résultat, que l'opposition n'a même fait qu'aller en s'accentuant toujours, ce qui était inévitable dès lors que l'Occident continuait à suivre sa ligne divergente. C'est à l'Occident seul, en effet, que doit être imputé cet éloignement, puisque l'Orient n'a jamais varié quant à l'essentiel ; et toutes les tentatives qui ne tenaient pas compte de ce fait devaient forcément échouer. Le grand défaut de ces tentatives, c'est qu'elles ont toujours été faites en sens inverse de ce qu'il aurait fallu pour réussir : c'est à l'Occident de se rapprocher de l'Orient, puisque c'est lui qui s'en est éloigné, et c'est en vain qu'il s'efforcera de persuader à l'Orient de se rapprocher de lui, car l'Orient estime n'avoir pas plus de raisons de changer aujourd'hui qu'au cours des siècles précédents. Bien entendu, il ne s'est jamais agi, pour les Orientaux, d'exclure les adaptations qui sont compatibles avec le maintien de l'esprit traditionnel, mais, si l'on vient leur proposer un changement qui équivaut à une subversion de tout l'ordre établi, ils ne peuvent qu'y opposer une fin de non-recevoir ; et le spectacle que leur offre l'Occident est bien loin de les engager à se laisser convaincre. Même si les Orientaux se trouvent contraints d'accepter dans une certaine mesure le progrès matériel, cela ne constituera jamais pour eux un changement profond, parce que, comme nous l'avons déjà dit, ils ne s'y intéresseront pas ; ils le subiront simplement comme une nécessité, et ils n'y trouveront qu'un motif supplémentaire de ressentiment contre ceux qui les auront obligés a s'y soumettre ; loin de renoncer à ce qui est pour eux toute leur raison d'être. Ils le renfermeront en eux-mêmes plus strictement que jamais, et ils se feront encore plus distants et plus inaccessibles.

D'ailleurs, la civilisation occidentale étant de beaucoup la plus jeune de toutes, les règles de la plus élémentaire politesse, si elles étaient de mise dans les relations des peuples ou des races comme dans celles des individus, devraient suffire pour lui montrer que c'est à elle, et non aux autres qui sont ses aînées, qu'il appartient de faire les premiers pas. Certes, c'est bien l'Occident qui est allé trouver les Orientaux, mais avec des intentions toutes contraires : non pour s'instruire auprès d'eux, comme il sied aux jeunes gens qui se rencontrent avec des vieillards, mais pour s'efforcer, tantôt brutalement, tantôt insidieusement, de les convertir à sa propre manière de voir, pour leur prêcher toutes sortes de choses dont ils n'ont que faire ou dont ils ne veulent pas entendre parler. Les Orientaux, qui tous apprécient fort la politesse, sont choqués de ce prosélytisme intempestif comme d'une grossièreté ; venant s'exercer dans leur propre pays, il constitue même, ce qui est encore plus grave à leurs yeux, un manquement aux lois de l'hospitalité ; et la politesse orientale, qu'on ne s'y trompe pas, n'est point un vain formalisme comme l'observation des coutumes tout extérieures auxquelles les Occidentaux donnent le même nom : elle repose sur des raisons autrement profondes, parce qu'elle tient à tout l'ensemble d'une civilisation traditionnelle, tandis que, en Occident, ces raisons ayant disparu avec la tradition, ce qui subsiste n'est plus que superstition à proprement parler, sans compter les innovations dues tout simplement à la « mode » et à ses caprices injustifiables, et avec lesquelles on tombe dans la parodie. Mais, pour en revenir au prosélytisme, il n'est pour les Orientaux, toute question de politesse à part, qu'une preuve d'ignorance et d'incompréhension, le signe d'un défaut d'intellectualité, parce qu'il implique et suppose essentiellement la prédominance du sentimentalisme : on ne peut faire de propagande pour une idée que si l'on y attache un intérêt sentimental quelconque, au détriment de sa pureté ; pour ce qui est des idées pures, on se contente de les exposer pour ceux qui sont capables de les comprendre, sans jamais se préoccuper d'entraîner la conviction de qui que ce soit. Ce jugement défavorable auquel donne prise le prosélytisme, tout ce que disent et font les Occidentaux est pour le confirmer ; tout ce par quoi ils croient prouver leur supériorité, ce ne sont pour les Orientaux qu'autant de marques d'infériorité.

Si l'on se place en dehors de tout préjugé, il faut bien se résigner à admettre que l'Occident n'a rien à enseigner à l'Orient, si ce n'est dans le domaine purement matériel, auquel l'Orient, encore une fois, ne peut pas s'intéresser, parce qu'il a à sa disposition des choses auprès desquelles celles-là ne comptent guère, et qu'il n'est pas disposé à sacrifier pour de vaines et futiles contingences. Du reste, le développement industriel et économique, comme nous l'avons déjà dit, ne peut provoquer que la concurrence et la lutte entre les peuples ; ce ne saurait donc être un terrain de rapprochement, à moins qu'on ne prétende que c'est encore une manière de rapprocher les hommes que de les amener à se battre les uns contre les autres ; mais ce n'est pas ainsi que nous l'entendons, et ce ne serait là en somme qu'un fort mauvais jeu de mots. Pour nous, quand nous parlons de rapprochement, il s'agit d'entente et non de concurrence ; d'ailleurs, la seule façon dont certains Orientaux peuvent être tentés d'admettre chez eux le développement économique, ainsi que nous l'avons expliqué, ne laisse de ce côté aucun espoir. Ce ne sont pas les facilités apportées par les inventions mécaniques aux relations extérieures entre les peuples qui donneront jamais à ceux-ci les moyens de mieux se comprendre ; il ne peut en résulter, et cela d'une façon tout à fait générale, que des heurts plus fréquents et des conflits plus étendus ; quant aux accords basés sur des intérêts purement commerciaux, on ne devrait savoir que trop quelle valeur il convient de leur attribuer. La matière est, de sa nature, un principe de division et de séparation ; tout ce qui en procède ne saurait servir à fonder une union réelle et durable, et d'ailleurs c'est le changement incessant qui est ici la loi. Nous ne voulons pas dire qu'il ne faille aucunement se préoccuper des intérêts économiques ; mais, comme nous le répétons sans cesse, il faut mettre chaque chose à sa place, et celle qui leur revient normalement serait plutôt la dernière que la première. Ce n'est point à dire non plus qu'il faille y substituer des utopies sentimentales à la manière d'une « société des nations » quelconque ; cela est encore moins solide si c'est possible, n'ayant même pas pour fondement cette réalité brutale et grossière qu'on ne peut du moins contester aux choses de l'ordre purement sensible ; et le sentiment, en lui-même, n'est pas moins variable et inconstant que ce qui appartient au domaine proprement matériel. Du reste, l'humanitarisme, avec toutes ses rêveries, n'est bien souvent qu'un masque des intérêts matériels, masque imposé par l'hypocrisie « moraliste » ; nous ne croyons guère au désintéressement des apôtres de la « civilisation », et d'ailleurs, à vrai dire, le désintéressement n'est pas une vertu politique. Au fond, ce n'est ni sur le terrain économique ni sur le terrain politique que les moyens d'une entente pourront jamais être trouvés, et ce n'est qu'après coup et secondairement que l'activité économique et politique sera appelée à bénéficier de cette entente ; ces moyens, s'ils existent, ne relèvent ni du domaine de la matière ni de celui du sentiment, mais d'un domaine beaucoup plus profond et plus stable, qui ne peut être que celui de l'intelligence. Seulement, nous voulons entendre ici l'intelligence au sens vrai et complet ; il ne s'agit aucunement, dans notre pensée, de ces contrefaçons d'intellectualité que l'Occident s'obstine malheureusement à présenter à l'Orient, et qui sont d'ailleurs tout ce qu'il peut lui présenter, puisqu'il ne connaît rien d'autre et que, même pour son propre usage, il n'a pas autre chose à sa disposition ; mais ce qui suffit à contenter l'Occident sous ce rapport est parfaitement impropre à donner à l'Orient la moindre satisfaction intellectuelle, dès lors qu'il y manque tout l'essentiel.

La science occidentale, même pour autant qu'elle ne se confond pas purement et simplement avec l'industrie et qu'elle est indépendante des applications pratiques, n'est encore, aux yeux des Orientaux, que ce « savoir ignorant » dont nous avons parlé, parce qu'elle ne se rattache à aucun principe d'un ordre supérieur. Limitée au monde sensible qu'elle prend pour son unique objet, elle n'a pas par elle-même une valeur proprement spéculative ; si encore elle était un moyen préparatoire pour atteindre à une connaissance d'un ordre plus élevé, les Orientaux seraient fort enclins à la respecter, tout en estimant que ce moyen est bien détourné, et surtout qu'il est peu adapté à leur propre mentalité ; mais il n'en est point ainsi. Cette science, au contraire, est constituée de telle façon qu'elle crée fatalement un état d'esprit aboutissant à la négation de toute autre connaissance, ce que nous avons appelé le « scientisme » ; ou elle est prise pour une fin en elle-même, ou elle n'a d'issue que du côté des applications pratiques, c'est-à-dire dans l'ordre le plus inférieur, où le mot même de « connaissance », avec la plénitude de sens qu'y attachent les Orientaux, ne saurait plus être employé que par la plus abusive des extensions. Les résultats théoriques de la science analytique, si considérables qu'ils paraissent aux Occidentaux, ne sont que de bien petites choses pour les Orientaux, à qui tout cela fait l'effet d'amusements enfantins, indignes de retenir longtemps l'attention de ceux qui sont capables d'appliquer leur intelligence à d'autres objets, autant dire de ceux qui possèdent la véritable intelligence, car le reste n'en est qu'un reflet plus ou moins obscurci. Voilà à quoi se réduit la « haute idée » que les Orientaux peuvent se faire de la science européenne, au dire des Occidentaux (qu'on se rappelle ici l'exemple de Leibnitz que nous avons cité plus haut), et cela même si on leur en présente les productions les plus authentiques et les plus complètes, non point seulement les rudiments de la « vulgarisation » ; et ce n'est point là, de leur part, incapacité de la comprendre et de l'apprécier, mais c'est au contraire parce qu'ils l'estiment à sa juste valeur, à l'aide d'un terme de comparaison qui manque aux Occidentaux. La science européenne, en effet, parce qu'elle n'a rien de profond, parce qu'elle n'est véritablement rien de plus que ce qu'elle paraît, est facilement accessible à quiconque veut prendre la peine de l'étudier ; sans doute, toute science est spécialement appropriée à la mentalité du peuple qui l'a produite, mais il n'y a pas là le moindre équivalent des difficultés que rencontrent les Occidentaux qui veulent pénétrer les « sciences traditionnelles » de l'Orient, difficultés qui proviennent de ce que ces sciences partent de principes dont ils n'ont aucune idée, et de ce qu'elles emploient des moyens d'investigation qui leur sont totalement étrangers, parce qu'ils dépassent les cadres étroits où s'enferme l'esprit occidental. Le défaut d'adaptation, s'il existe des deux côtés, se traduit de façons bien différentes :

pour les Occidentaux qui étudient la science orientale, c'est une incompréhension à peu près irrémédiable, quelle que soit l'application qu'ils y mettent, à part des exceptions individuelles toujours possibles, mais très peu nombreuses ; pour les Orientaux qui étudient la science occidentale, c'est seulement un manque d'intérêt qui n'empêche point la compréhension, mais qui, évidemment, dispose peu à consacrer à cette étude des forces qui peuvent être mieux employées. Qu'on ne compte donc pas sur la propagande scientifique, non plus que sur aucune espèce de propagande, pour arriver à un rapprochement avec l'Orient ; l'importance même que les Occidentaux attribuent à ces choses donne aux Orientaux une assez pauvre idée de leur mentalité, et, s'ils les regardent comme intellectuelles, c'est que l'intellectualité n'a pas le même sens pour eux que pour les Orientaux.

Tout ce que nous disons de la science occidentale, nous pouvons le dire aussi de la philosophie, et encore avec cette circonstance aggravante que, si sa valeur spéculative n'est pas plus grande ni plus réelle, elle n'a même pas cette valeur pratique qui, si relative et si secondaire qu'elle soit, est tout de même encore quelque chose ; et, à ce point de vue, nous pouvons joindre à la philosophie tout ce qui, dans la science même, n'a que le caractère de pures hypothèses. D'ailleurs, dans la pensée moderne, il ne peut y avoir aucune séparation profonde entre la connaissance scientifique et la connaissance philosophique : la première en est arrivée à englober tout ce qui est accessible à cette pensée, et la seconde, dans la mesure où elle demeure valable, n'en est plus qu'une partie ou une modalité, à laquelle on ne donne une place à part que par un effet de l'habitude, et pour des raisons beaucoup plus historiques que logiques au fond. Si la philosophie a des prétentions plus grandes, c'est tant pis pour elle, car ces prétentions ne peuvent se fonder sur rien ; lorsqu'on veut s'en tenir à l'état présent de la mentalité occidentale, il n y a de légitime que la conception positiviste, aboutissement normal du rationalisme « scientiste », ou la conception pragmatiste, qui laisse décidément de côté toute spéculation pour s'en tenir à un sentimentalisme utilitaire : ce sont toujours les deux tendances entre lesquelles oscille toute la civilisation moderne. Pour les Orientaux, par contre, l'alternative ainsi exprimée n'a aucun sens, parce que ce qui les intéresse vraiment et essentiellement est bien au delà de ces deux termes, de même que leurs conceptions sont au delà de tous les problèmes artificiels de la philosophie, et que leurs doctrines traditionnelles sont au delà de tous les systèmes, inventions purement humaines au sens le plus étroit de ce mot, nous voulons dire inventions d'une raison individuelle qui, méconnaissant ses limitations, se croit capable d'embrasser tout l'Univers ou de le reconstruire au gré de sa fantaisie, et qui, surtout, pose en principe la négation absolue de tout ce qui la dépasse. Il faut entendre par là la négation de la connaissance métaphysique, qui est d'ordre supra-rationnel, et qui est la connaissance intellectuelle pure, la connaissance par excellence ; la philosophie moderne ne peut admettre l'existence de la métaphysique vraie sans se détruire elle-même, et, quant à la « pseudo-métaphysique » qu'elle s'incorpore, ce n'est qu'un assemblage plus ou moins habile d'hypothèses exclusivement rationnelles, donc scientifiques en réalité, et qui ne reposent généralement sur rien de bien sérieux. En tout cas, la portée de ces hypothèses est toujours extrêmement restreinte ; les quelques éléments valables qui peuvent y être mêlés ne vont jamais beaucoup plus loin que le domaine de la science ordinaire, et leur étroite association avec les plus déplorables fantaisies, non moins que la forme systématique sous laquelle le tout se présente, ne peut que les déconsidérer totalement aux yeux des Orientaux. Ceux-ci n'ont pas ce mode spécial de pensée auquel convient proprement le nom de philosophie : ce n'est pas chez eux qu'on peut rencontrer l'esprit systématique ni l'individualisme intellectuel ; mais, s'ils n'ont pas les inconvénients de la philosophie, ils ont, dégagé de tout alliage impur, l'équivalent de tout ce qu'elle peut contenir d'intéressant, et qui, dans leurs « sciences traditionnelles », prend même une portée beaucoup plus haute ; et ils ont, en outre, immensément plus, puisqu'ils ont, comme principe de tout le reste, la connaissance métaphysique, dont le domaine est absolument illimité. Aussi la philosophie, avec ses essais d'explication, ses délimitations arbitraires, ses subtilités inutiles, ses confusions incessantes, ses discussions sans but et son verbiage sans consistance, leur apparaît-elle comme un jeu particulièrement puéril ; nous avons rapporté ailleurs l'appréciation de cet Hindou qui, entendant pour la première fois exposer les conceptions de certains philosophes européens, déclara que c'étaient là des idées bonnes tout au plus pour un enfant de huit ans. Il faut donc encore moins compter sur la philosophie que sur la science ordinaire pour inspirer de l'admiration aux Orientaux, ou même pour les impressionner favorablement, et il ne faut pas s'imaginer qu'ils adopteront jamais ces façons de penser, dont l'absence dans une civilisation n'a rien de regrettable, et dont l'étroitesse caractéristique est un des plus grands périls de l'intelligence ; tout cela n'est pour eux, comme nous le disions, qu'une contrefaçon d'intellectualité, à l'usage exclusif de ceux qui, incapables de voir plus haut et plus loin, sont condamnés, par leur propre constitution mentale ou par l'effet de leur éducation, à ignorer à tout jamais ce qu'est la véritable intellectualité.

Nous ajouterons encore un mot en ce qui concerne spécialement les « philosophies de l'action » : ces théories ne font en somme que consacrer l'abdication complète de l'intelligence ; peut-être vaut-il mieux, en un sens, renoncer franchement à toute apparence d'intellectualité, plutôt que de continuer indéfiniment à s'illusionner avec des spéculations dérisoires ; mais alors pourquoi s'obstiner à vouloir faire encore des théories ? Prétendre que l'action doit être mise au-dessus de tout, parce qu'on est incapable d'atteindre à la spéculation pure, c'est là une attitude qui, vraiment, ressemble un peu trop à celle du renard de la fable... Quoi qu'il en soit, on ne peut se flatter de convertir à de semblables doctrines les Orientaux, pour qui la spéculation est incomparablement supérieure à l'action ; du reste, le goût de l'action extérieure et la recherche du progrès matériel sont étroitement solidaires, et il n'y aurait pas lieu de revenir encore là-dessus si nos contemporains n'éprouvaient le besoin de « philosopher » à ce sujet, ce qui montre bien que la philosophie, comme ils l'entendent, peut être véritablement n'importe quoi, excepté la sagesse vraie et la connaissance intellectuelle pure. Puisque cette occasion se présente, nous en profiterons pour dissiper tout de suite un malentendu possible : dire que la spéculation est supérieure à l'action, ce n'est point dire que tout le monde doive pareillement se désintéresser de cette dernière ; dans une collectivité humaine hiérarchiquement organisée, il faut assigner à chacun la fonction qui convient à sa propre nature individuelle, et c'est là le principe sur lequel repose essentiellement, dans l'Inde, l'institution des castes. Si donc l'Occident revient jamais à une constitution hiérarchique et traditionnelle, c'est-à-dire fondée sur de véritables principes, nous ne prétendons aucunement que la masse occidentale en deviendra exclusivement contemplative, ni même qu'elle devra l'être au même degré que l'est la masse orientale ; la chose est en effet possible en Orient, mais il y a, en Occident, des conditions spéciales de climat et de tempérament qui s'y opposent et qui s'y opposeront toujours. Les aptitudes intellectuelles seront sans doute beaucoup plus répandues qu'elles ne le sont aujourd'hui ; mais ce qui est encore plus important, c'est que la spéculation sera l'occupation normale de l'élite, et que même on ne concevra pas qu'une élite véritable puisse être autre qu'intellectuelle. Cela est suffisant, d'ailleurs, pour qu'un tel état de choses soit tout le contraire de celui que nous voyons actuellement, et où la richesse matérielle tient lieu presque entièrement de toute supériorité effective, d'abord parce qu'elle correspond directement aux préoccupations et aux ambitions dominantes de l'Occidental moderne, avec son horizon purement terrestre, et ensuite parce qu'elle est bien le seul genre de supériorité (si toutefois on peut dire qu'elle en est une) dont puisse s'accommoder la médiocrité de l'esprit démocratique. Un pareil renversement permet de mesurer toute l'étendue de la transformation qui devra s'opérer dans la civilisation occidentale pour qu'elle redevienne normale et comparable aux autres civilisations, et pour qu'elle cesse d'être dans le monde une cause de trouble et de désordre.

C'est avec intention que, jusqu'ici, nous nous sommes abstenu de mentionner la religion parmi les différentes choses que l'Occident peut présenter à l'Orient ; c'est que, si la religion est aussi chose occidentale, elle n'est point chose moderne, et c'est même contre elle que l'esprit moderne concentre toute son animosité, parce qu'elle est, en Occident, le seul élément qui ait gardé un caractère traditionnel. Nous ne parlons, bien entendu, que de la religion au sens propre de ce mot, et non des déformations ou des imitations qui ont pris naissance, au contraire, sous l'influence de l'esprit moderne, et qui en portent la marque à tel point qu'elles sont presque entièrement assimilables au « moralisme » philosophique. Pour ce qui est de la religion proprement dite, les Orientaux ne peuvent avoir pour elle que du respect, précisément en raison de son caractère traditionnel ; et même, si les Occidentaux se montraient plus attachés à leur religion qu'ils ne le sont d'ordinaire, ils seraient certainement mieux considérés en Orient. Seulement, ce qu'il ne faut pas oublier, c'est que la tradition ne revêt pas la forme spécifiquement religieuse chez les Orientaux, à l'exception des Musulmans, qui ont encore quelque chose de l'Occident ; or la différence des formes extérieures

n'est qu'une affaire d'adaptation aux diverses mentalités, et, là où la tradition n'a pas pris spontanément la forme religieuse, c'est qu'elle n'avait point à la prendre. L'erreur consiste ici à vouloir faire adopter aux Orientaux des formes qui ne sont pas faites pour eux, qui ne répondent pas aux exigences de leur mentalité, mais dont ils reconnaissent d'ailleurs l'excellence pour les Occidentaux : c'est ainsi qu'on peut voir parfois des Hindous engager des Européens à revenir au Catholicisme, et même les aider à le comprendre, sans avoir la moindre velléité d'y adhérer eux-mêmes. Sans doute, il n'y a pas une complète équivalence entre toutes les formes traditionnelles, parce qu'elles correspondent à des points de vue qui diffèrent réellement ; mais, dans la mesure où elles sont équivalentes, la substitution de l'une à l'autre serait évidemment inutile ; et, dans la mesure où elles sont différentes autrement que par l'expression (ce qui ne veut nullement dire qu'elles soient opposées ou contradictoires), cette substitution ne pourrait être que nuisible, parce qu'elle provoquerait inévitablement un défaut d'adaptation. Si les Orientaux n'ont point la religion au sens occidental du mot, ils en ont tout ce qui leur convient ; en même temps, ils ont plus au point de vue intellectuel, puisqu'ils ont la métaphysique pure, dont la théologie n'est en somme qu'une traduction partielle, affectée de la teinte sentimentale qui est inhérente à la pensée religieuse comme telle ; s'ils ont moins d'un autre côté, ce n'est qu'au point de vue sentimental, et parce qu'ils n'en ont nul besoin. Ce que nous venons de dire montre aussi pourquoi la solution que nous estimons préférable pour l'Occident est le retour à sa propre tradition, complétée s'il y a lieu quant au domaine de l'intellectualité pure (ce qui, d'ailleurs, ne concerne que l'élite) ; la religion ne peut tenir la place de la métaphysique, mais elle n'est aucunement incompatible avec elle, et on en a la preuve dans le monde islamique, avec les deux aspects complémentaires sous lesquels se présente sa doctrine traditionnelle. Ajoutons que, même si l'Occident répudie le sentimentalisme (et nous entendons par là la prédominance accordée au sentiment sur l'intelligence), la masse occidentale n'en conservera pas moins un besoin de satisfactions sentimentales que la forme religieuse seule peut lui donner, de même qu'elle conservera un besoin d'activité extérieure que n'ont point les Orientaux ; chaque race a son tempérament propre, et, s'il est vrai que ce ne sont là que des contingences, il n'y a pourtant qu'une élite assez restreinte qui puisse n'avoir pas à en tenir compte. Mais les satisfactions dont il s'agit, c'est dans la religion proprement dite que les Occidentaux peuvent et doivent les trouver normalement, et non dans ces succédanés plus ou moins extravagants où s'alimente le « pseudo-mysticisme » de certains contemporains, religiosité inquiète et dévoyée qui est encore un symptôme de l'anarchie mentale dont souffre le monde moderne, dont il risque même de mourir, si l'on n'y apporte des remèdes efficaces avant qu'il soit trop tard.

Ainsi, parmi les manifestations de la pensée occidentale, les unes sont simplement ridicules aux yeux des Orientaux, et ce sont toutes celles qui ont un caractère spécialement moderne ; les autres sont respectables, mais elles ne sont appropriées qu'à l'Occident exclusivement, bien que les Occidentaux d'aujourd'hui aient une tendance à les déprécier ou à les rejeter, sans doute parce qu'elles représentent encore quelque chose de trop élevé pour eux. Donc, de quelque côté qu'on veuille envisager la question, il est tout à fait impossible qu'un rapprochement s'opère au détriment de la mentalité orientale ; comme nous l'avons déjà dit, c'est l'Occident qui doit se rapprocher de l'Orient ; mais, pour qu'il s'en rapproche effectivement, la bonne volonté même ne serait pas suffisante, et ce qu'il faudrait surtout, c'est la compréhension. Or, jusqu'ici, les Occidentaux qui se sont efforcés de comprendre l'Orient, avec plus ou moins de sérieux et de sincérité, n'ont abouti généralement qu'aux plus lamentables résultats, parce qu'ils ont apporté dans leurs études tous les préjugés dont leur esprit se trouvait encombré, d'autant plus qu'ils étaient des « spécialistes », ayant acquis préalablement certaines habitudes mentales dont il leur était impossible de se défaire. Assurément, parmi les Européens qui ont vécu en contact direct avec les Orientaux, il en est bien quelques-uns qui ont pu comprendre et s'assimiler certaines choses, justement parce que, n'étant point des « spécialistes », ils étaient plus libres d'idées préconçues ; mais, d'ordinaire, ceux-là n'ont pas écrit ; ce qu'ils ont appris, ils l'ont gardé pour eux, et d'ailleurs, s'il leur est arrivé d'en parler à d'autres Occidentaux, l'incompréhension dont ceux-ci font preuve en pareil cas était bien faite pour les décourager et pour les engager à observer la même réserve que les Orientaux.

L'Occident, dans son ensemble, n'a donc jamais pu profiter de certaines exceptions individuelles ; et, quant aux travaux qui ont été faits sur l'Orient et ses doctrines, il vaudrait souvent mieux ne pas même en connaître l'existence, car l'ignorance pure et simple est bien préférable aux idées fausses. Nous ne voulons pas répéter tout ce que nous avons déjà dit ailleurs sur les productions des orientalistes : elles ont surtout pour effet, d'une part, d'égarer les Occidentaux qui y ont recours sans avoir par ailleurs le moyen d'en rectifier les erreurs, et, d'autre part, de contribuer encore à donner aux Orientaux, par l'incompréhension qui y est étalée, la plus fâcheuse idée de l'intellectualité occidentale. Sous ce dernier rapport, cela ne fait que confirmer l'appréciation que les Orientaux sont déjà portés à formuler par tout ce qu'ils connaissent de l'Occident, et accentuer chez eux cette attitude de réserve dont nous parlions tout à l'heure ; mais le premier inconvénient est encore plus grave, surtout si l'initiative d'un rapprochement doit venir du côté occidental. En effet, quelqu'un qui possède une connaissance directe de l'Orient peut bien, en lisant la plus mauvaise traduction ou le commentaire le plus fantaisiste, dégager les parcelles de vérité qui y subsistent malgré tout, à l'insu de l'auteur qui n'a fait que transcrire sans comprendre, et qui n'est tombé juste que par une sorte de hasard (cela arrive surtout dans les traductions anglaises, qui sont faites consciencieusement et sans trop de parti pris systématique, mais aussi sans aucun souci de compréhension vraie) ; il peut même souvent rétablir le sens là où il a été dénaturé, et, en tout cas, il peut consulter impunément des ouvrages de ce genre, même s'il n'en retire aucun profit ; mais il en va tout autrement pour le lecteur ordinaire. Celui-ci, ne possédant aucun moyen de contrôle, ne peut avoir que deux attitudes : ou bien il croit de bonne foi que les conceptions orientales sont telles qu'on les lui présente, et il en éprouve un dégoût très compréhensible, en même temps que tous ses préjugés occidentaux en sont fortifiés ; ou bien il se rend compte que ces conceptions ne peuvent pas, dans la réalité, être aussi absurdes ou aussi dépourvues de sens, il sent plus ou moins confusément qu'il doit y avoir autre chose, mais il ne sait pas ce que cela peut être, et, désespérant de le savoir jamais, il renonce à s'en occuper et ne veut même plus y penser. Ainsi, le résultat final est toujours un éloignement, et non un rapprochement ; nous ne parlons naturellement que des gens qui s'intéressent aux idées, car c'est seulement parmi ceux-là qu'il s'en trouve qui pourraient comprendre si on leur en fournissait les moyens ; pour ce qui est des autres, qui ne voient là qu'une affaire de curiosité et d'érudition, nous n'avons pas à nous en préoccuper. Du reste, la majorité des orientalistes ne sont et ne veulent être que des érudits ; tant qu'ils se bornent à des travaux historiques ou philologiques, cela n'a pas grande importance ; il est évident que des ouvrages de ce genre ne peuvent servir de rien pour atteindre le but que nous envisageons ici, mais leur seul danger, en somme, est celui qui est commun à tous les abus de l'érudition, nous voulons dire la propagation de cette « myopie intellectuelle » qui borne tout savoir à des recherches de détail, et le gaspillage d'efforts qui pourraient être mieux employés dans bien des cas. Mais ce qui est beaucoup plus grave à nos yeux, c'est l'action exercée par ceux des orientalistes qui ont la prétention de comprendre et d'interpréter les doctrines, et qui les travestissent de la façon la plus incroyable, tout en assurant parfois qu'ils les comprennent mieux que les Orientaux eux-mêmes (comme Leibnitz s'imaginait avoir retrouvé le vrai sens des caractères de Fo-hi), et sans jamais songer à prendre l'avis des représentants autorisés des civilisations qu'ils veulent étudier, ce qui serait pourtant la première chose à faire, au lieu de se comporter comme s'il s'agirait de reconstituer des civilisations disparues.

Cette invraisemblable prétention ne fait que traduire la croyance qu'ont les Occidentaux en leur propre supériorité : même lorsqu'ils consentent à prendre en considération les idées des autres, ils se trouvent tellement intelligents qu'ils doivent comprendre ces idées beaucoup mieux que ceux qui les ont élaborées, et qu'il leur suffit de les regarder du dehors pour savoir entièrement à quoi s'en tenir ; quand on a une telle confiance en soi-même, on perd généralement toutes les occasions qu'on pourrait avoir de l'instruire réellement. Parmi les préjugés qui contribuent à entretenir un tel état d'esprit, il en est un que nous avons appelé le « préjugé classique », et auquel nous avons déjà fait allusion à propos de la croyance à la « civilisation » unique et absolue, dont ce n'est en somme qu'une forme particulière : parce que la civilisation occidentale moderne se considère comme l'héritière de la civilisation gréco-romaine (ce qui n'est vrai que jusqu'à un certain point), on ne veut rien connaître en dehors de celle-ci, on se persuade que tout le reste n'est pas intéressant ou ne peut être que l'objet d'une sorte d'intérêt archéologique ; on décrète qu'il ne peut se trouver ailleurs aucune idée valable, ou que du moins, s'il s'en rencontre par hasard, elles devaient exister aussi dans l'antiquité gréco-romaine ; c'est encore bien beau quand on ne va pas jusqu'à affirmer que ce ne peuvent être que des emprunts faits à cette dernière. Ceux mêmes qui ne pensent pas expressément ainsi n'en subissent pas moins l'influence de ce préjugé : il en est qui, tout en affichant une certaine sympathie pour les conceptions orientales, veulent à toute force les faire entrer dans les cadres de la pensée occidentale, ce qui revient à les dénaturer totalement, et ce qui prouve qu'au fond ils n'y comprennent rien ; certains, par exemple, ne veulent voir en Orient que religion et philosophie, c'est-à-dire tout ce qui ne s'y trouve pas, et ils ne voient rien de ce qui y existe en réalité. Personne n'a jamais poussé plus loin ces fausses assimilations que les orientalistes allemands, qui sont précisément ceux dont les prétentions sont les plus grandes, et qui en sont arrivés à monopoliser presque entièrement l'interprétation des doctrines orientales : avec leur tournure d'esprit étroitement systématique, ils en font, non seulement de la philosophie, mais quelque chose de tout à fait semblable à leur propre philosophie, alors qu'il s'agit de choses qui n'ont aucun rapport avec de telles conceptions ; évidemment, ils ne peuvent se résigner à ne pas comprendre, ni s'empêcher de tout ramener à la mesure de leur mentalité, tout en croyant faire grand honneur à ceux à qui ils attribuent ces idées « bonnes pour des enfants de huit ans ». Du reste, en Allemagne, les philosophes eux-mêmes s'en sont mêlés directement, et Schopenhauer, en particulier, a certainement une bonne part de responsabilité dans la façon dont l'Orient y est interprété ; et combien de gens, même en dehors d'Allemagne, s'en vont répétant, après lui et son disciple von Hartmann, des phrases toutes faites sur le « pessimisme bouddhique », qu'ils supposent même volontiers faire le fond des doctrines hindoues ! Il y a bon nombre d'Européens qui s'imaginent d'ailleurs que l'Inde est bouddhiste, tant est grande leur ignorance, et, comme il arrive toujours en pareil cas, ceux-là ne se font pas faute de parler à tort et à travers ; du reste, si le public accorde aux formes déviées du Bouddhisme une importance démesurée, la faute en est à la quantité incroyable d'orientalistes qui s'y sont spécialisés, et qui ont encore trouvé moyen de déformer jusqu'à ces déviations de l'esprit oriental. La vérité est que nulle conception orientale n'est « pessimiste », et que le Bouddhisme même ne l'est pas ; il est vrai que l'on n'y trouve pas davantage d'« optimisme », mais cela prouve tout simplement que ces étiquettes et ces classifications ne s'y appliquent pas, non plus que toutes celles qui sont faites pareillement pour la philosophie européenne, et que ce n'est pas de cette façon que les questions se posent pour les Orientaux ; pour envisager les choses en termes d'« optimisme » ou de « pessimisme », il faut le sentimentalisme occidental (ce même sentimentalisme qui poussait Schopenhauer à chercher des « consolations » dans les *Upanishads*), et la sérénité profonde que donne aux Hindous la pure contemplation intellectuelle est bien au delà de ces contingences. Nous n'en finirions pas si nous voulions relever toutes les erreurs du même genre, erreurs dont une seule suffit à prouver l'incompréhension totale ; notre intention n'est point de donner ici un catalogue des échecs, germaniques et autres, auxquels a abouti l'étude de l'Orient entreprise sur des bases fautives et en dehors de tout principe vrai. Nous n'avons mentionné Schopenhauer que parce qu'il est un exemple très « représentatif » ; parmi les orientalistes proprement dits, nous avons déjà cité précédemment Deussen, interprétant l'Inde en fonction des conceptions de ce même Schopenhauer ; nous rappellerons encore Max Müller, s'efforçant de découvrir « les germes du Bouddhisme », c'est-à-dire, du moins suivant la conception qu'il s'en faisait, de l'hétérodoxie, jusque dans les textes védiques, qui sont les fondement essentiels de l'orthodoxie traditionnelle hindoue. Nous pourrions continuer ainsi presque indéfiniment, même en ne notant qu'un ou deux traits pour chacun ; mais nous nous bornerons à ajouter un dernier exemple, parce qu'il fait apparaître nettement certain parti pris tout à fait caractéristique : c'est celui d'Oldenberg, écartant *a priori* tous les textes où sont rapportés des faits qui paraissent miraculeux et affirmant qu'il ne faut y voir que des adjonctions tardives, non seulement au nom de la « critique historique », mais sous prétexte que les « indo-germains » (*sic*) n'admettent pas le miracle ; qu'il parle, s'il veut, au nom des Allemands modernes, qui ne sont pas pour rien les inventeurs de la prétendue « science des religions » ; mais qu'il ail la prétention d'associer les Hindous à ses négations, qui sont celles de l'esprit antitraditionnel, voilà qui dépasse toute mesure. Nous avons dit ailleurs ce qu'il faut penser de l'hypothèse de l'« indo-germanisme », qui n'a guère qu'une raison d'être politique : l'orientalisme des Allemands, comme leur philosophie, est devenue un instrument au service de leur ambition nationale, ce qui, d'ailleurs, ne veut point dire que ses représentants soient nécessairement de mauvaise foi ; il n'est pas facile de savoir jusqu'où peut aller l'aveuglement qui a pour cause l'intrusion du sentiment dans les domaines qui devraient être réservés à l'intelligence. Quant à l'esprit antitraditionnel qui est au fond de la « critique historique » et de tout ce qui s'y rattache plus ou moins directement, il est purement occidental et, en Occident même, purement moderne ; nous n'y insisterons jamais trop, parce que c'est là ce qui répugne le plus profondément aux Orientaux, qui sont essentiellement traditionalistes et qui ne seraient plus rien s'ils ne l'étaient pas, puisque tout ce qui constitue leurs civilisations est strictement traditionnel ; c'est donc de cet esprit qu'il importe de se débarrasser avant tout si l'on veut avoir quelque espoir de s'entendre avec eux.

En dehors des orientalistes plus ou moins « officiels », qui ont au moins pour eux, à défaut d'autres qualités plus intellectuelles, une bonne foi généralement incontestable, il n'y a, comme présentation occidentale des doctrines de l'Orient, que les rêveries et les divagations des théosophistes, qui ne sont qu'un tissu d'erreurs grossières, aggravées encore par les procédés du plus bas charlatanisme. Nous avons consacré à ce sujet toute une étude spéciale , où, pour faire entièrement justice de toutes les prétentions de ces gens et pour montrer qu'ils n'ont aucun titre à se recommander de l'Orient, bien au contraire, nous n'avons eu qu'à faire appel aux faits historiques les plus rigoureusement établis ; nous ne voulons donc pas y revenir, mais nous ne pouvions nous dispenser ici d'en rappeler au moins l'existence, puisqu'une de leurs prétentions est précisément d'effectuer à leur manière le rapprochement de l'Orient et de l'Occident. Là encore, sans même parler des dessous politiques qui y jouent un rôle considérable, c'est l'esprit antitraditionnel qui, sous le couvert d'une pseudo-tradition de fantaisie, se donne libre cours dans ces théories inconsistantes dont la trame est formée par une conception évolutionniste ; sous les lambeaux empruntés aux doctrines les plus variées, et derrière la terminologie sanscrite employée presque toujours à contresens, il n'y a que des idées tout occidentales. S'il pouvait y avoir là les éléments d'un rapprochement, c'est en somme l'Orient qui en ferait tous les frais : on lui ferait des concessions sur les mots, mais on lui demanderait d'abandonner toutes ses idées essentielles, et aussi toutes les institutions auxquelles il est attaché ; seulement, les Orientaux, surtout les Hindous qui sont visés plus spécialement ne sont point dupes et savent parfaitement à quoi s'en tenir sur les véritables tendances d'un mouvement de ce genre ; ce n'est pas en leur offrant une grossière caricature de leurs doctrines qu'on peut se flatter de les séduire, quand bien même ils n'auraient pas d'autres motifs de se méfier et de se tenir à l'écart. Quant aux Occidentaux qui, même à défaut d'intelligence vraie, ont simplement quelque bon sens, ils ne s'attardent guère à ces extravagances, mais le malheur est qu'ils se laissent trop facilement persuader qu'elles sont orientales, alors qu'il n'en est rien ; en outre, le bon sens même se raréfie singulièrement aujourd'hui en Occident, le déséquilibre mental y gagne de plus en plus, et c'est ce qui fait le succès actuel du théosophisme et de toutes les autres entreprises plus ou moins analogues, que nous réunissons sous la dénomination générique de « néo-spiritualisme ». S'il n'y a pas trace de

« tradition orientale » chez les théosophistes, il n'y a pas davantage de « tradition occidentale » authentique chez les occultistes ; encore une fois, il n'y a rien de sérieux dans tout cela, il n'y a qu'un « syncrétisme » confus et plutôt incohérent, dans lequel les conceptions anciennes sont interprétées de la façon la plus fausse et la plus arbitraire, et qui semble n'être là que pour servir de déguisement au « modernisme » le plus prononcé ; s'il y a quelque « archaïsme » là-dedans, il n'est que dans les formes extérieures, et les conceptions de l'antiquité et du moyen âge occidentaux y sont à peu près aussi complètement incomprises que celles de l'Orient le sont dans le théosophisme. Assurément, ce n'est pas par là que l'Occident pourra jamais retrouver sa propre tradition, pas plus qu'il ne pourra rejoindre l'intellectualité orientale, et pour les mêmes raisons ; ici encore, ces deux choses sont étroitement liées, quoi qu'en puissent penser certains, qui voient des oppositions et des antagonismes là où il n'en saurait exister ; parmi les occultistes précisément, il en est qui se croient obligés de ne parler de l'Orient, dont ils ignorent tout, qu'avec des épithètes injurieuses qui trahissent une véritable haine, et probablement aussi le dépit de sentir qu'il y a là des connaissances qu'ils ne parviendront jamais à pénétrer. Nous ne reprochons point aux théosophistes ou aux occultistes une insuffisance de compréhension dont, après tout, ils ne sont pas responsables ; mais, si l'on est occidental (nous l'entendons au point de vue intellectuel), qu'on le reconnaisse franchement, et qu'on ne prenne pas un masque oriental ; si l'on a l'esprit moderne, qu'on ose du moins l'avouer (il en est tant qui s'en font gloire !), et qu'on n'aille pas invoquer une tradition qu'on ne possède pas. En dénonçant de telles hypocrisies, nous ne pensons naturellement qu'aux chefs des mouvements dont il s'agit, non à leurs dupes ; encore faut-il dire que l'inconscience s'allie souvent à la mauvaise foi, et qu'il peut être difficile de déterminer exactement la part de l'une et de l'autre ; l'hypocrisie « moraliste » aussi n'est-elle pas inconsciente chez le plus grand nombre ? Peu importe d'ailleurs quant aux résultats, qui sont tout ce que nous voulons retenir, et qui n'en sont pas moins déplorables : la mentalité occidentale est de plus en plus faussée, et de multiples façons ; elle s'égare et se disperse en tous sens, parmi les plus troubles inquiétudes, au milieu des plus sombres fantasmagories d'une imagination en délire ; serait-ce vraiment « le commencement de la fin » pour la civilisation moderne ? Nous ne voulons faire aucune supposition hasardeuse, mais, tout au moins, bien des indices doivent donner à réfléchir à ceux qui en sont encore capables ;

l'Occident parviendra-t-il à se ressaisir à temps ?

Pour nous en tenir à ce qui peut être constaté présentement, et sans anticiper sur l'avenir, nous dirons ceci : toutes les tentatives qui ont été faites jusqu'ici pour rapprocher l'Orient de l'Occident ont été entreprises au profit de l'esprit occidental, et c'est pour cela qu'elles ont échoué. Cela est vrai, non seulement pour tout ce qui est propagande ouvertement occidentale (et c'est en somme le cas le plus habituel), mais tout aussi bien pour les essais qui prétendent se baser sur une étude de l'Orient : on cherche beaucoup moins à comprendre les doctrines orientales en elles-mêmes qu'à les réduire aux conceptions occidentales, ce qui revient à les dénaturer totalement. Même si l'on n'a pas un parti pris conscient et avoué de déprécier l'Orient, on n'en suppose pas moins implicitement que tout ce que l'Orient possède, l'Occident doit le posséder aussi ; or cela est complètement faux, surtout en ce qui concerne l'Occident actuel. Ainsi, par une incapacité de comprendre qui est due pour une bonne part à leurs préjugés (car s'il en est qui ont naturellement cette incapacité, il en est d'autres qui l'acquièrent seulement à force d'idées préconçues), les Occidentaux n'atteignent rien de l'intellectualité orientale ; lors même qu'ils s'imaginent la saisir et en traduire l'expression, ils ne font que la caricaturer, et, dans les textes ou dans les symboles qu'ils croient expliquer, ils ne retrouvent que ce qu'ils y ont mis eux-mêmes, c'est-à-dire des idées occidentales : c'est que la lettre n'est rien par elle-même, et que l'esprit leur échappe. Dans ces conditions, l'Occident ne peut sortir des limites où il s'est enfermé ; et comme, à l'intérieur de ces limites au-delà desquelles il n'y a véritablement plus rien pour lui, il continue sans cesse à s'enfoncer dans les voies matérielles et sentimentales à la fois qui l'éloignent toujours plus de l'intellectualité, il est évident que sa divergence avec l'Orient ne peut que s'accentuer. Nous venons de voir pourquoi les tentatives orientalistes et pseudo-orientales y contribuent elles-mêmes ; encore une fois, c'est l'Occident qui doit prendre l'initiative, mais pour aller vraiment vers l'Orient, non pour essayer de tirer l'Orient à lui comme il l'a fait jusqu'ici. Cette initiative, l'Orient n'a aucune raison de la prendre, même si les conditions du monde occidental n'étaient pas telles qu'elles rendent inutile tout effort dans ce sens ; mais d'ailleurs, si une tentative sérieuse et bien comprise était faite du côté de l'Occident, les représentants autorisés de toutes les civilisations orientales ne pourraient que s'y montrer éminemment favorables. Il nous reste maintenant à indiquer comment une telle tentative peut être envisagée, après avoir vu dans ce chapitre la confirmation et l'application de toutes les considérations que nous avons développées au cours de la première partie de notre exposé, car ce que nous y avons montré, c'est en somme que ce sont les tendances propres de l'esprit occidental moderne qui font l'impossibilité de toute relation intellectuelle avec l'Orient ; et, tant qu'on n'aura pas commencé par s'entendre sur ce terrain intellectuel, tout le reste sera parfaitement inutile et vain.

2

L'ACCORD SUR LES PRINCIPES

Quand on veut parler de principes à nos contemporains, on ne doit pas espérer se faire comprendre sans difficulté, car la plupart d'entre eux ignorent totalement ce que cela peut être, et ne se doutent même pas que cela puisse exister ; assurément, ils parlent bien de principes, eux aussi, ils en parlent même beaucoup trop, mais toujours pour appliquer ce mot à tout ce à quoi il ne saurait convenir. C'est ainsi que, à notre époque, on appelle « principes » des lois scientifiques un peu plus générales que les autres, qui sont exactement le contraire en réalité, puisqu'elles sont des conclusions et des résultats inductifs, quand elles ne sont pas de simples hypothèses. C'est ainsi que, plus communément encore, on accorde ce nom à des conceptions morales, qui ne sont même pas des idées, mais l'expression de quelques aspirations sentimentales, ou à des théories politiques, souvent à base sentimentale également, comme le trop fameux « principe des nationalités », qui a contribué au désordre de l'Europe au delà de tout ce qu'on peut imaginer ; ne va-t-on pas jusqu'à parler couramment de « principes révolutionnaires », comme si ce n'était pas là une contradiction dans les termes ? Quand on abuse d'un mot à tel point, c'est qu'on en a entièrement oublié la vraie signification ; ce cas est tout à fait semblable à celui du mot de « tradition », appliqué, comme nous le faisions remarquer précédemment, à n'importe quelle coutume purement extérieure, si banale et si insignifiante qu'elle soit ; et, pour prendre encore un autre exemple, si les Occidentaux avaient conservé le sens religieux de leurs ancêtres, n'éviteraient-ils pas d'employer à tout propos des expressions comme celles de « religion de la patrie », de « religion de la science », de « religion du devoir », et autres du même genre ? Ce sont là, non des négligences de langage sans grande portée, mais des symptômes de cette confusion qui est partout dans le monde moderne : on ne sait plus faire la distinction entre les points de vue et les domaines les plus différents, entre ceux qui devraient demeurer le plus complètement séparés ; on met une chose à la place d'une autre avec laquelle elle n'a aucun rapport ; et le langage ne fait en somme que représenter fidèlement l'état des esprits. Comme il y a d'ailleurs correspondance entre la mentalité et les institutions, les raisons de cette confusion sont aussi les raisons pour lesquelles on s'imagine que n'importe qui peut remplir indifféremment n'importe quelle fonction ; l'égalitarisme démocratique n'est que la conséquence et la manifestation, dans l'ordre social, de l'anarchie intellectuelle ; les Occidentaux d'aujourd'hui sont véritablement, à tous égards, des hommes « sans caste », comme disent les Hindous, et même « sans famille », au sens où l'entendent les Chinois ; ils n'ont plus rien de ce qui fait le fond et l'essence des autres civilisations.

Ces considérations nous ramènent précisément à notre point de départ : la civilisation moderne souffre d'un manque de principes, et elle en souffre dans tous les domaines ; par une prodigieuse anomalie, elle est, seule entre toutes les autres, une civilisation qui n'a pas de principes, ou qui n'en a que de négatifs, ce qui revient au même. C'est comme un organisme décapité qui continuerait à vivre d'une vie tout à la fois intense et désordonnée ; les sociologues, qui aiment tant à assimiler les collectivités aux organismes (et souvent d'une façon tout à fait injustifiée), devraient bien réfléchir un peu sur cette comparaison. L'intellectualité pure étant supprimée, chaque domaine spécial et contingent est regardé comme indépendant ; l'un empiète sur l'autre, tout se mêle et se confond dans un chaos inextricable ; les rapports naturels sont intervertis, et qui devrait être subordonné s'affirme autonome, toute hiérarchie est abolie au nom de la chimérique égalité, dans l'ordre mental comme dans l'ordre social ; et, comme l'égalité est malgré tout impossible en fait, il se crée de fausses hiérarchies, dans lesquelles on met au premier rang n'importe quoi : science, industrie, morale, politique ou finance, faute d'avoir la seule chose à laquelle puisse et doive normalement revenir la suprématie, c'est-à-dire, encore une fois, faute de principes vrais. Que l'on ne se hâte pas de crier à l'exagération devant un tel tableau ; que l'on prenne plutôt la peine d'examiner sincèrement l'état des choses, et, si l'on n'est pas aveuglé par les préjugés, on se rendra compte qu'il est bien tel que nous le décrivons. Qu'il y ait dans le désordre des degrés et des étapes, nous ne le contestons aucunement ; on n'en est pas arrivé là d'un seul coup, mais on devait y arriver fatalement, étant donné l'absence de principes qui, si l'on peut dire, domine le monde moderne et le constitue ce qu'il est ; et, au point où nous en sommes aujourd'hui, les résultats sont déjà assez apparents pour que quelques-uns commencent à s'inquiéter et à pressentir la menace d'une dissolution finale. Il y a des choses qu'on ne peut véritablement définir que par une négation : l'anarchie, dans quelque ordre que ce soit, ce n'est que la négation de la hiérarchie, et ce n'est rien de positif ; civilisation anarchique ou sans principes, voilà ce qu'est au fond la civilisation occidentale actuelle, et c'est exactement la même chose que nous exprimons en d'autres termes lorsque nous disons que, contrairement aux civilisations orientales, elle n'est pas une civilisation traditionnelle.

Ce que nous appelons une civilisation traditionnelle, c'est une civilisation qui repose sur des principes au vrai sens de ce mot, c'est-à-dire où l'ordre intellectuel domine tous les autres, où tout en procède directement ou indirectement et, qu'il s'agisse de sciences ou d'institutions sociales, n'est en définitive qu'applications contingentes, secondaires et subordonnées des vérités purement intellectuelles. Ainsi, retour à la tradition ou retour aux principes, ce n'est réellement qu'une seule et même chose ; mais il faut évidemment commencer par restaurer la connaissance des principes, là où elle est perdue, avant de songer à les appliquer ; il ne saurait être question de reconstituer une civilisation traditionnelle dans son ensemble si l'on ne possède tout d'abord les données premières et fondamentales qui doivent y présider. Vouloir procéder autrement, c'est encore réintroduire la confusion là où on se propose de la faire disparaître, et c'est ne pas comprendre ce qu'est la tradition dans son essence ; c'est le cas de tous les inventeurs de pseudo-traditions auxquels nous avons fait allusion plus haut ; et, si nous insistons sur des choses aussi évidentes, c'est que l'état de la mentalité moderne nous y oblige, car nous ne savons que trop combien il est difficile d'obtenir qu'elle ne renverse pas les rapports normaux. Les gens les mieux intentionnés, s'ils ont quelque chose de cette mentalité, même malgré eux et tout en s'en déclarant les adversaires, pourraient fort bien être tentés de commencer par la fin, quand ce ne serait que pour céder à ce singulier vertige de la vitesse qui s'est emparé de tout l'Occident, ou pour arriver tout de suite à ces résultats visibles et tangibles qui sont tout pour les modernes, tellement leur esprit, à force de se tourner vers l'extérieur, est devenu inapte à saisir autre chose. C'est pourquoi nous répétons si souvent, au risque de paraître ennuyeux, qu'il faut avant tout se placer dans le domaine de l'intellectualité pure, qu'on ne fera jamais rien de valable si l'on ne commence par là ; et tout ce qui se rapporte à ce domaine, bien que ne tombant pas sous les sens, a des conséquences autrement formidables que ce qui ne relève que d'un ordre contingent ; cela est peut-être difficile à concevoir pour ceux qui n'y sont pas habitués, mais c'est pourtant ainsi. Seulement, il faut bien se garder de confondre l'intellectuel pur avec la rationnel, l'universel avec le général, la connaissance métaphysique avec la connaissance scientifique ; sur ce sujet, nous renverrons aux explications que nous avons données ailleurs , et nous ne pensons pas avoir à nous en excuser, car il ne saurait être question de reproduire indéfiniment et sans nécessité les mêmes considérations. Quand nous parlons de principes d'une façon absolue et sans aucune spécification, ou de vérités purement intellectuelles, c'est toujours de l'ordre universel qu'il s'agit exclusivement ; c'est là le domaine de la connaissance métaphysique, connaissance supra-individuelle et supra-rationnelle en soi, intuitive et non plus discursive, indépendante de toute relativité ; et il faut encore ajouter que l'intuition intellectuelle par laquelle s'obtient une telle connaissance n'a absolument rien de commun avec ces intuitions infra-rationnelles, qu'elles soient d'ordre sentimental, instinctif ou purement sensible, qui sont les seules qu'envisage la philosophie contemporaine. Naturellement, la conception des vérités métaphysiques doit être distinguée de leur formulation, où la raison discursive peut intervenir secondairement (à la condition qu'elle reçoive un reflet direct de l'intellect pur et transcendant) pour exprimer, dans la mesure du possible, ces vérités qui dépassent immensément son domaine et sa portée, et dont, à cause de leur universalité, toute forme symbolique ou verbale ne peut jamais donner qu'une traduction incomplète, imparfaite et inadéquate, plutôt propre à fournir un « support » à la conception qu'à rendre effectivement ce qui est de soi, pour la plus grande partie, inexprimable et incommunicable, ce qui ne peut être qu'« assenti » directement et personnellement. Rappelons enfin que, si nous tenons à ce terme de « métaphysique », c'est uniquement parce qu'il est le mieux approprié de tous ceux que les langues occidentales mettent à notre disposition ; si les philosophes en sont venus à l'appliquer à tout autre chose, la confusion est de leur fait, non du nôtre, puisque le sens où nous l'entendons est seul conforme à sa dérivation étymologique, et cette confusion, due à leur totale ignorance de la métaphysique vraie, est tout à fait analogue à celles que nous signalions plus haut. Nous n'estimons point avoir à tenir compte de ces abus de langage, et il suffit de mettre en garde contre les erreurs auxquelles ils pourraient donner lieu ; dès lors que nous prenons toutes les précautions voulues à cet égard, nous ne voyons aucun inconvénient sérieux à nous servir d'un mot comme celui-là, et nous n'aimons point à recourir à des néologismes lorsque ce n'est pas strictement nécessaire ; du reste, c'est là une peine qu'on s'éviterait bien souvent si l'on avait soin de fixer avec toute la netteté désirable le sens des termes qu'on emploie, ce qui vaudrait mieux, très certainement, que d'inventer une terminologie compliquée et embrouillée à plaisir, suivant la coutume des philosophes, qui, il est vrai, se donnent ainsi le luxe d'une originalité à bon compte. S'il en est qui trouvent gênante cette dénomination de « métaphysique », on peut dire encore que ce dont il s'agit est la « connaissance » par excellence, sans épithète, et les Hindous, en effet, n'ont point d'autre mot pour la désigner ; mais, dans les langues européennes, nous ne pensons pas que l'usage de ce mot soit de nature à écarter les malentendus, puisqu'on s'est habitué à l'appliquer aussi, et sans y apporter aucune restriction, à la science et à la philosophie. Nous continuerons donc purement et simplement à parler de la métaphysique comme nous l'avons toujours fait ; mais nous espérons qu'on ne regardera pas comme une digression inutile les explications que nous impose le souci d'être toujours aussi clair que possible, et qui, d'ailleurs, ne nous éloignent qu'en apparence du sujet que nous nous sommes proposé de traiter.

En raison de l'universalité même des principes, c'est là que l'accord doit être le plus aisément réalisable, et cela d'une façon tout à fait immédiate : on les conçoit ou on ne les conçoit pas, mais, dès lors qu'on les conçoit, on ne peut pas faire autrement que d'être d'accord. La vérité est une et s'impose pareillement à tous ceux qui la connaissent, à condition, bien entendu, qu'ils la connaissent effectivement et avec certitude ; mais une connaissance intuitive ne peut pas être autre que certaine. Dans ce domaine, on est en dehors et au-dessus de tous les points de vue particuliers ; les différences ne résident jamais que dans les formes plus ou moins extérieures, qui ne sont qu'une adaptation secondaire, et non dans les principes mêmes ; il s'agit ici de ce qui est essentiellement « informel ». La connaissance des principes est rigoureusement la même pour tous les hommes qui la possèdent, car les différences mentales ne peuvent affecter que ce qui est d'ordre individuel, donc contingent, et elles n'atteignent pas le domaine métaphysique pur ; sans doute, chacun exprimera à sa façon ce qu'il aura compris dans la mesure ou il pourra l'exprimer, mais celui qui aura compris vraiment saura toujours, derrière la diversité des expressions, reconnaître la vérité une, et ainsi cette diversité inévitable ne sera jamais une cause de désaccord. Seulement, pour voir de cette manière, à travers les formes multiples, ce qu'elles voilent plus encore qu'elles ne l'expriment, il faut posséder cette intellectualité vraie qui est devenue si complètement étrangère au monde occidental ; on ne saurait croire combien paraissent alors futiles et misérables toutes les discussions philosophiques, qui portent sur les mots bien plus que sur les idées, si même les idées n'en sont pas totalement absentes. Pour ce qui est des vérités d'ordre contingent, la multiplicité des points de vue individuels qui s'y appliquent peut donner lieu à des différences réelles, qui, d'ailleurs, ne sont point nécessairement des contradictions ; le tort des esprits systématiques est de ne reconnaître comme légitime que leur propre point de vue, et de déclarer faux tout ce qui ne s'y rapporte pas ; mais enfin, dès lors que les différences sont réelles, encore que conciliables, l'accord peut ne pas se faire immédiatement, d'autant plus que chacun éprouve naturellement quelque difficulté a, se placer au point de vue des autres, sa constitution mentale ne s'y prêtant pas sans répugnance. Dans le domaine des principes, il n'y a rien de tel, et c'est là que réside l'explication de ce paradoxe apparent, que ce qu'il y a de plus élevé dans une tradition quelconque peut être en même temps ce qu'il y a de plus facilement saisissable et assimilable, indépendamment de toute considération de race ou d'époque, et sous la seule condition d'une capacité de compréhension suffisante ; c'est, en effet, ce qui est dégagé de toutes les contingences. Pour tout le reste, au contraire, pour tout ce qui est « sciences traditionnelles » notamment, il faut une préparation spéciale, généralement assez pénible lorsqu'on n'est point né dans la civilisation qui a produit ces sciences ; c'est que les différences mentales interviennent ici, du seul fait qu'il s'agit de choses contingentes, et la façon dont les hommes d'une certaine race envisagent ces choses, qui est pour eux la mieux appropriée, ne convient point également à ceux des autres races. À l'intérieur d'une civilisation donnée, il peut même y avoir, dans cet ordre, des adaptations variées suivant les époques, mais ne consistant d'ailleurs que dans le développement rigoureux de ce que contenait en principe la doctrine fondamentale, et qui est ainsi rendu explicite pour répondre aux besoins d'un moment déterminé, sans qu'on puisse jamais dire qu'aucun élément nouveau soit venu s'y ajouter du dehors ; il ne saurait y avoir rien de plus ni d'autre, dès lors qu'il s'agit, comme c'est toujours le cas en Orient, d'une civilisation essentiellement traditionnelle.

Dans la civilisation occidentale moderne, au contraire, les choses contingentes seules sont envisagées, et la façon dont elles le sont est véritablement désordonnée, parce qu'il y manque la direction que peut seule donner une doctrine purement intellectuelle, et à laquelle rien ne saurait suppléer. Il ne s'agit point, cela va de soi, de contester les résultats auxquels on arrive cependant de cette façon, ni de leur dénier toute valeur relative ; et il semble même naturel qu'on en obtienne d'autant plus, dans un domaine déterminé, qu'on y limite plus étroitement son activité : si les sciences qui intéressent tant les Occidentaux n'avaient jamais acquis antérieurement un développement comparable à celui qu'ils leur ont donné, c'est qu'on n'y attachait pas une importance suffisante pour y consacrer de tels efforts. Mais, si les résultats sont valables lorsqu'on les prend chacun à part (ce qui concorde bien avec le caractère tout analytique de la science moderne), l'ensemble ne peut produire qu'une impression de désordre et d'anarchie ; on ne s'occupe pas de la qualité des connaissances qu'on accumule, mais seulement de leur quantité ; c'est la dispersion dans le détail indéfini. De plus, il n'y a rien au-dessus de ces sciences analytiques : elles ne se rattachent à rien et, intellectuellement, ne conduisent à rien ; l'esprit moderne se renferme dans une relativité de plus en plus réduite, et, dans ce domaine si peu étendu en réalité, bien qu'il le trouve immense, il confond tout, assimile les objet les plus distincts, veut appliquer à l'un les méthodes qui conviennent exclusivement à l'autre, transporte dans une science les conditions qui définissent une science différente, et finalement s'y perd et ne peut plus s'y reconnaître, parce qu'il lui manque les principes directeurs. De là le chaos des théories innombrables, des hypothèses qui se heurtent, s'entrechoquent, se contredisent, se détruisent et se remplacent les unes les autres, jusqu'à ce que, renonçant à savoir, on en arrive à déclarer qu'il ne faut chercher que pour chercher, que la vérité est inaccessible à l'homme, que peut-être même elle n'existe pas, qu'il n'y a lieu de se préoccuper que de ce qui est utile ou avantageux, et que, après tout, si l'on trouve bon de l'appeler vrai, il n'y a à cela aucun inconvénient. L'intelligence qui nie ainsi la vérité nie sa propre raison d'être, c'est-à-dire qu'elle se nie elle-même ; le dernier mot de la science et de la philosophie occidentales, c'est le suicide de l'intelligence ; et peut-être n'est-ce là, pour certains, que le prélude de ce monstrueux suicide cosmique rêvé par quelques pessimistes qui, n'ayant rien compris à ce qu'ils ont entrevu de l'Orient, ont pris pour le néant la suprême réalité du « non-être » métaphysique, et pour l'inertie la suprême immutabilité de l'éternel « non-agir » !

L'unique cause de tout ce désordre, c'est l'ignorance des principes ; qu'on restaure la connaissance intellectuelle pure, et tout le reste pourra redevenir normal : on pourra remettre de l'ordre dans tous les domaines, établir le définitif à la place du provisoire, éliminer toutes les vaines hypothèses, éclairer par la synthèse les résultats fragmentaires de l'analyse, et, en replaçant ces résultats dans l'ensemble d'une connaissance vraiment digne de ce nom, leur donner, bien qu'ils n'y doivent occuper qu'un rang subordonné, une portée incomparablement plus haute que celle à laquelle ils peuvent prétendre actuellement. Pour cela, il faut d'abord chercher la métaphysique vraie où elle existe encore, c'est-à-dire en Orient ; et après, mais après seulement, tout en conservant les sciences occidentales dans ce qu'elles ont de valable et de légitime, on pourra songer à leur donner une base traditionnelle, en les rattachant aux principes de la façon qui convient à la nature de leurs objets, et en leur assignant la place qui leur appartient dans la hiérarchie des connaissances. Vouloir commencer par constituer en Occident quelque chose de comparable aux « sciences traditionnelles » de l'Orient, c'est proprement vouloir une impossibilité ; et, s'il est vrai que l'Occident a eu jadis, surtout au moyen âge, ses « sciences traditionnelles », il faut reconnaître qu'elles sont à peu près entièrement perdues pour la plupart, que, même dans ce qui en subsiste, on n'en a plus la clef, et qu'elles seraient tout aussi inassimilables aux Occidentaux actuels que peuvent l'être celles qui sont à l'usage des Orientaux ; les élucubrations des occultistes qui ont voulu se mêler de reconstituer de telles sciences en sont bien une preuve suffisante. Cela ne veut pas dire que, lorsqu'on aura les données indispensables pour comprendre, c'est-à-dire lorsqu'on possédera la connaissance des principes, on ne pourra pas s'inspirer dans une certaine mesure de ces sciences anciennes, aussi bien que des sciences orientales, puiser dans les unes et dans les autres certains éléments utilisables, et surtout y trouver l'exemple de ce qu'il faut faire pour donner à d'autres sciences un caractère analogue ; mais il s'agira toujours d'adapter, et non de copier purement et simplement. Comme nous l'avons déjà dit, les principes seuls sont rigoureusement invariables ; leur connaissance est la seule qui ne soit susceptible d'aucune modification, et d'ailleurs elle renferme en soi tout ce qui est nécessaire pour réaliser, dans tous les ordres du relatif, toutes les adaptations possibles. Aussi l'élaboration secondaire dont il s'agit pourra-t-elle s'accomplir comme d'elle-même dès que cette connaissance y présidera ; et, si cette connaissance est possédée par une élite assez puissante pour déterminer l'état d'esprit général qui convient, tout le reste se fera avec une apparence de spontanéité, comme paraissent spontanées les productions de l'esprit actuel ; ce n'est jamais qu'une apparence, car la masse est toujours influencée et dirigée à son insu, mais il est tout aussi possible de la diriger dans un sens normal que de provoquer et d'entretenir chez elle une déviation mentale. La tâche d'ordre purement intellectuel, qui devrait être accomplie en premier lieu, est donc bien véritablement la première sous tous les rapports, étant à la fois la plus nécessaire et la plus importante, puisque c'est de là que tout dépend et dérive ; mais, quand nous employons cette expression de « connaissance métaphysique », bien peu nombreux sont, parmi les Occidentaux d'aujourd'hui, ceux qui peuvent soupçonner, même vaguement, tout ce qui y est impliqué.

Les Orientaux (nous ne parlons que de ceux qui comptent vraiment) ne consentiront jamais à prendre en considération qu'une civilisation qui aura, comme les leurs, un caractère traditionnel ; mais il ne peut être question de donner ce caractère, du jour au lendemain, et sans préparation d'aucune sorte, à une civilisation qui en est totalement dépourvue ; les rêveries et les utopies ne sont point notre fait, et il convient de laisser aux enthousiastes irréfléchis cet incurable « optimisme » qui les rend incapables de reconnaître ce qui peut ou ne peut pas être accompli dans telles conditions déterminées. Les Orientaux, qui n'accordent d'ailleurs au temps qu'une valeur très relative, savent bien ce qu'il en est, et ils ne commettraient point de ces méprises où les Occidentaux peuvent être entraînés par la hâte maladive qu'ils apportent à toutes leurs entreprises, et qui en compromet irrémédiablement la stabilité : quand on croit arriver au terme, tout s'écroule ; c'est comme si l'on voulait bâtir un édifice sur un terrain mouvant sans prendre la peine de commencer par établir de solides fondations, sous prétexte que les fondations ne se voient pas. Certes, ceux qui entreprendraient une œuvre comme celle dont nous parlons ne devraient pas s'attendre à obtenir immédiatement des résultats apparents ; mais leur travail n'en serait pas moins réel et efficace, bien au contraire, et, tout en n'ayant nul espoir d'en voir jamais l'épanouissement extérieur, ils n'en recueilleraient pas moins personnellement bien d'autres satisfactions et des bénéfices inappréciables. Il n'y a même aucune commune mesure entre les résultats d'un travail tout intérieur, et de l'ordre le plus élevé, et tout ce qui peut être obtenu dans le domaine des contingences ; si les Occidentaux pensent autrement et renversent encore ici les rapports naturels, c'est parce qu'ils ne savent pas s'élever au-dessus des choses sensibles ; il est toujours aisé de déprécier ce qu'on ne connaît pas, et, quand on est incapable de l'atteindre, c'est même le meilleur moyen de se consoler de son impuissance, moyen qui est d'ailleurs à la portée de tout le monde. Mais, dira-t-on peut-être, s'il en est ainsi, et si ce travail intérieur par lequel il faut commencer est en somme le seul vraiment essentiel, pourquoi se préoccuper d'autre chose ? C'est que, si les contingences ne sont assurément que secondaires, elles existent cependant ; dès lors que nous sommes dans le monde manifesté, nous ne pouvons nous en désintéresser entièrement ; et d'ailleurs, puisque tout doit dériver des principes, le reste peut être obtenu en quelque sorte « par surcroit », et on aurait grand tort de s'interdire d'envisager cette possibilité. Il y a encore une autre raison, plus particulière aux conditions actuelles de l'esprit occidental : cet esprit étant ce qu'il est, il y aurait peu de chances d'intéresser même l'élite possible (nous voulons dire ceux qui possèdent les aptitudes intellectuelles requises, mais non développées) à une réalisation qui devrait rester purement intérieure, ou que du moins on ne lui présenterait que sous ce seul aspect ; on peut beaucoup mieux l'y intéresser en lui montrant que cette réalisation même doit produire, ne fût-ce que lointainement, des résultats dans l'extérieur, ce qui, du reste, est la stricte vérité. Si le but est toujours le même, il y a bien des voies différentes pour l'atteindre, ou plutôt pour en approcher, car, dès qu'on est parvenu dans le domaine transcendant de la métaphysique, toute diversité s'efface ; parmi toutes ces voies, il faut choisir celle qui convient le mieux aux esprits auxquels on s'adresse. Au début surtout, n'importe quoi, ou presque, peut servir de « support » et d'occasion ; là où nul enseignement traditionnel n'est organisé, si un développement intellectuel vient à se produire exceptionnellement, il serait parfois bien difficile de dire par quoi il a été déterminé, et les choses les plus différentes et les plus inattendues ont pu en fait lui servir de point de départ, suivant les natures individuelles, et aussi suivant les circonstances extérieures. En tout cas, ce n'est pas parce qu'on se consacre essentiellement à la pure intellectualité qu'on est obligé de perdre de vue l'influence qu'elle peut et doit exercer dans tous les domaines, si indirectement que ce soit, et quand bien même cette influence n'aurait pas besoin d'être voulue expressément. Nous ajouterons encore, bien que ceci soit sans doute un peu plus difficile à comprendre, qu'aucune tradition n'a jamais interdit, à ceux qu'elle a conduits à certains sommets, de diriger ensuite vers les domaines inférieurs, sans rien perdre pour cela de ce qu'ils ont acquis et qui ne peut leur être enlevé, les « influences spirituelles » qu'ils ont concentrées en eux-mêmes, et qui, se répartissant graduellement dans ces divers domaines suivant leurs rapports hiérarchiques, y répandront comme un reflet et une participation de l'intelligence suprême.

Entre la connaissance des principes et la reconstitution des « sciences traditionnelles », il est une autre tâche, ou une autre partie de la même tâche, qui pourrait prendre place, et dont l'action se ferait plus directement sentir dans l'ordre social ; elle est d'ailleurs la seule dont l'Occident pourrait encore, dans une assez large mesure, retrouver les moyens en lui-même ; mais ceci demande quelques explications. Au moyen âge, la civilisation occidentale avait un caractère incontestablement traditionnel ; l'avait-elle d'une façon aussi complète que les civilisations orientales, c'est ce qu'il est difficile de décider, surtout en apportant des preuves formelles dans un sens ou dans l'autre. À s'en tenir à ce qui est généralement connu, la tradition occidentale, telle qu'elle existait à cette époque, était une tradition de forme religieuse ; mais cela ne veut pas dire qu'il n'y ait pas eu autre chose, et ce n'est pas pour cela que, chez une certaine élite, l'intellectualité pure, supérieure à toutes les formes, devait être nécessairement absente. Nous avons déjà dit qu'il n'y a là aucune incompatibilité, et nous avons cité à ce propos l'exemple de l'Islam ; si nous le rappelons ici, c'est que la civilisation islamique est précisément celle dont le type se rapproche le plus, à maints égards, de celui de la civilisation européenne du moyen âge ; il y a là une analogie dont il serait peut-être bon de tenir compte. D'autre part, il ne faut pas oublier que les vérités religieuses ou théologiques, n'étant pas, comme telles, envisagées d'un point de vue purement intellectuel, et n'ayant pas l'universalité qui appartient exclusivement à la seule métaphysique, ne sont encore des principes que dans un sens relatif ; si les principes proprement dits, dont ceux-là sont une application, n'avaient pas été connus de façon pleinement consciente par quelques-uns au moins, si peu nombreux qu'ils fussent, il nous parait difficile d'admettre que la tradition, extérieurement religieuse, ait pu avoir toute l'influence qu'elle a effectivement exercée au cours d'une si longue période, et produire, dans divers domaines qui ne semblent pas la concerner directement, tous les résultats que l'histoire a enregistrés et que ses modernes falsificateurs ne peuvent parvenir à dissimuler entièrement. Il faut dire, du reste, que, dans la doctrine scolastique, il y a tout au moins une part de métaphysique vraie, peut-être insuffisamment dégagée des contingences philosophiques, et trop peu nettement distinguée de la théologie ; certes, ce n'est pas la métaphysique totale, mais enfin c'en de la métaphysique, alors qu'il n'y en a pas trace chez les modernes ; et dire qu'il y a là de la métaphysique, c'est dire que cette doctrine, pour tout ce qu'elle embrasse, doit se trouver nécessairement d'accord avec toute autre doctrine métaphysique. Les doctrines orientales vont bien plus loin, et de plusieurs façons ; mais il se peut qu'il y ait eu, dans le moyen âge occidental, des compléments à ce qui était enseigné extérieurement, et que ces compléments, à l'usage exclusif de milieux très fermés, n'aient jamais été formulés dans aucun texte écrit, de sorte qu'on ne peut retrouver tout au plus, à cet égard, que des allusions symboliques, assez claires pour qui sait par ailleurs de quoi il s'agit, mais parfaitement inintelligibles pour tout autre. Nous savons bien qu'il y a actuellement, dans beaucoup de milieux religieux, une tendance très nette à nier tout « ésotérisme », pour le passé aussi bien que pour le présent ; mais nous croyons que cette tendance, outre qu'elle peut impliquer quelques concessions faites involontairement à l'esprit moderne, provient pour une bonne part de ce qu'on pense un peu trop au faux ésotérisme de certains contemporains, qui n'a absolument rien de commun avec le véritable ésotérisme que nous avons en vue et dont il est encore possible de découvrir bien des indices quand on n'en affecté d'aucune idée préconçue. Quoi qu'il en soit, il est un fait incontestable : c'est que l'Europe du moyen âge eut à diverses reprises, sinon d'une façon continue, des relations avec les Orientaux, et que ces relations eurent une action considérable dans le domaine des idées ; on sait, mais peut-être incomplètement encore, ce qu'elle dut aux Arabes, intermédiaires naturels entre l'Occident et les régions plus lointaines de l'Orient ; et il y eut aussi des rapports directs avec l'Asie centrale et la Chine même. Il y aurait lieu d'étudier plus particulièrement l'époque de Charlemagne, et aussi celle des croisades, où, s'il y eut des luttes à l'extérieur, il y eut également des ententes sur un plan plus intérieur, s'il est permis de s'exprimer ainsi ; et nous devons faire remarquer que les luttes, suscitées par la forme pareillement religieuse des deux traditions en présence, n'ont aucune raison d'être et ne peuvent se produire là où existe une tradition qui ne revêt pas cette forme, ainsi que cela a lieu pour les civilisations plus orientales ; dans ce dernier cas, il ne peut y avoir ni antagonisme ni même simple concurrence. Nous aurons d'ailleurs, par la suite, l'occasion de revenir sur ce point ; ce que nous voulons faire ressortir pour le moment, c'est que la civilisation occidentale du moyen âge, avec ses connaissances vraiment spéculatives (même en réservant la question de savoir jusqu'où elles s'étendaient), et avec sa constitution sociale hiérarchisée, était suffisamment comparable aux civilisations orientales pour permettre certains échanges intellectuels (avec la même réserve), que le caractère de la civilisation moderne, par contre, rend actuellement impossibles.

Si certains, tout en admettant qu'une régénération de l'Occident s'impose, sont tentés de préférer une solution qui permettrait de ne recourir qu'à des moyens purement occidentaux (et seul, au fond, un certain sentimentalisme pourrait les y incliner), ils feront sans doute cette objection : pourquoi donc ne pas revenir purement et simplement, en apportant d'ailleurs toutes les modifications nécessaires sous le rapport social, à la tradition religieuse du moyen âge ? En d'autres termes, pourquoi ne se contenterait-on pas, sans chercher plus loin, de redonner au Catholicisme la prééminence qu'il avait à cette époque, de reconstituer sous une forme appropriée l'ancienne « Chrétienté », dont l'unité fut brisée par la Réforme et par les événements qui suivirent ? Certes, si cela était immédiatement réalisable, ce serait bien quelque chose déjà, ce serait même beaucoup pour remédier à l'effroyable désordre du monde moderne ; mais, malheureusement, ce n'est pas si facile que cela peut sembler à certains théoriciens, loin de là, et des obstacles de toutes sortes ne tarderaient pas à se dresser devant ceux qui voudraient exercer dans ce sens une action effective. Nous n'avons pas à énumérer toutes ces difficultés, mais nous ferons remarquer que la mentalité actuelle, dans son ensemble, ne paraît guère devoir se prêter à une transformation de ce genre ; il faudrait donc, là encore, tout un travail préparatoire qui, en admettant que ceux qui voudraient l'entreprendre en aient vraiment les moyens à leur disposition, ne serait peut-être pas moins long ni moins pénible que celui que nous envisageons pour notre part, et dont les résultats ne seraient jamais aussi profonds. En outre, rien ne prouve qu'il n'y ait eu, dans la civilisation traditionnelle du moyen âge, que le côté extérieur et proprement religieux ; il y a même eu certainement autre chose, ne serait-ce que la scolastique, et nous venons de dire pourquoi nous pensons qu'il a dû y avoir plus encore, car cela, malgré son intérêt incontestable, n'est toujours que de l'extérieur. Enfin, si l'on s'enfermait ainsi dans une forme spéciale, l'entente avec les autres civilisations ne pourrait se réaliser que dans une mesure assez limitée, au lieu de se faire avant tout sur ce qu'il y a de plus fondamental, et ainsi, parmi les questions qui s'y rapportent, il en est encore beaucoup qui ne seraient pas résolues, sans compter que les excès du prosélytisme occidental seraient toujours à redouter et risqueraient perpétuellement de tout compromettre, ce prosélytisme ne pouvant être définitivement arrêté que par la pleine compréhension des principes et par l'accord essentiel qui, sans même avoir besoin d'être expressément formulé, en résulterait immédiatement. Cependant, il va sans dire que, si le travail à accomplir dans les deux domaines métaphysique et religieux pouvait s'effectuer parallèlement et en même temps, nous n'y verrions que des avantages, étant bien persuadé que, même si les deux choses étaient menées tout à fait indépendamment l'une de l'autre, les résultats, finalement, ne pourraient être que concordants. De toute façon, du reste, si les possibilités que nous avons en vue doivent se réaliser, la rénovation proprement religieuse s'imposera tôt ou tard comme un moyen tout spécialement approprié à l'Occident ; elle pourra être une partie de l'œuvre réservée à l'élite intellectuelle, lorsque celle-ci aura été constituée, ou bien, si elle s'est faite préalablement, l'élite y trouvera un appui convenable pour son action propre. La forme religieuse contient tout ce qu'il faut à la masse occidentale, qui ne peut véritablement trouver ailleurs les satisfactions qu'exige son tempérament ; cette masse n'aura jamais besoin d'autre chose, et c'est à travers cette forme qu'elle devra recevoir l'influence des principes supérieurs, influence qui, pour être ainsi indirecte, n'en sera pas moins une participation réelle . Il peut y avoir ainsi, dans une tradition complète, deux aspects complémentaires et superposés, qui ne sauraient aucunement se contredire ou entrer en conflit, puisqu'ils se réfèrent à des domaines essentiellement distincts ; l'aspect intellectuel pur, d'ailleurs, ne concerne directement que l'élite, qui seule doit forcément être consciente de la communication s'établissant entre les deux domaines pour assurer l'unité totale de la doctrine traditionnelle.

En somme, nous ne voudrions pas être exclusif le moins du monde, et nous estimons qu'aucun travail n'est inutile, pour peu qu'il soit dirigé dans le sens voulu ; les efforts ne portant que sur les domaines les plus secondaires peuvent encore donner quelque chose qui ne soit pas entièrement négligeable, et dont les conséquences, sans être d'une application immédiate, pourront se retrouver par la suite et, en se coordonnant avec tout le reste, concourir pour leur part, si faible soit-elle, à la constitution de cet ensemble que nous envisageons pour un avenir sans doute bien lointain. C'est ainsi que l'étude des « sciences traditionnelles », quelle que soit leur provenance, s'il en est qui veulent dès maintenant l'entreprendre (non dans leur intégralité, ce qui est présentement impossible, mais dans certains éléments tout au moins), nous parait une chose digne d'être approuvée, mais à la double condition que cette étude soit faite avec des données suffisantes pour ne point s'y égarer, ce qui suppose déjà beaucoup plus qu'on ne pourrait le croire, et qu'elle ne fasse jamais perdre de vue l'essentiel. Ces deux conditions, d'ailleurs, se tiennent de près : celui qui possède une intellectualité assez développée pour se livrer avec sûreté à une telle étude ne risque plus d'être tenté de sacrifier le supérieur à l'inférieur ; dans quelque domaine qu'il ait à exercer son activité, il n'y verra jamais à faire qu'un travail auxiliaire de celui qui s'accomplit dans la région des principes. Dans les mêmes conditions, s'il arrive parfois que la « philosophie scientifique » rejoigne accidentellement, par certaines de ses conclusions, les anciennes « sciences traditionnelles », il peut y avoir quelque intérêt à le faire ressortir, mais en évitant soigneusement de paraître rendre ces dernières solidaires de n'importe quelle théorie scientifique ou philosophique particulière, car toute théorie de ce genre change et passe, tandis que tout ce qui repose sur une base traditionnelle en reçoit une valeur permanente, indépendante des résultats de toute recherche ultérieure. Enfin, de ce qu'il y a des rencontres ou des analogies, il ne faut jamais conclure à des assimilations impossibles, étant donné qu'il s'agit de modes de pensée essentiellement différents ; et l'on ne saurait être trop attentif à ne rien dire qui puisse être interprété dans ce sens, car la plupart de nos contemporains, par la façon même dont est borné leur horizon mental, ne sont que trop portés à ces assimilations injustifiées. Sous ces réserves, nous pouvons dire que tout ce qui est fait dans un esprit vraiment traditionnel a sa raison d'être, et même une raison profonde ; mais il y a pourtant un certain ordre qu'il convient d'observer, au moins d'une manière générale, en conformité avec la hiérarchie nécessaire des différents domaines. D'ailleurs, pour avoir pleinement l'esprit traditionnel (et non pas seulement « traditionaliste », ce qui n'implique qu'une tendance ou une aspiration), il faut déjà avoir pénétré dans le domaine des principes, suffisamment tout au moins pour avoir reçu la direction intérieure dont il n'est plus possible de s'écarter jamais.

3
CONSTITUTION ET RÔLE DE L'ÉLITE

Nous avons déjà parlé à diverses reprises, dans ce qui précède, de ce que nous appelons l'élite intellectuelle ; on aura probablement compris sans peine que ce que nous entendons par là n'a rien de commun avec ce qui, dans l'Occident actuel, est parfois désigné sous le même nom. Les savants et les philosophes les plus éminents dans leurs spécialités peuvent n'être aucunement qualifiés pour faire partie de cette élite ; il y a même beaucoup de chances pour qu'ils ne le soient pas, en raison des habitudes mentales qu'ils ont acquises, des multiples préjugés qui en sont inséparables, et surtout de cette « myopie intellectuelle » qui en est la plus ordinaire conséquence ; il peut toujours y avoir d'honorables exceptions, assurément, mais il n'y faudrait pas trop compter. D'une façon générale, il y a plus de ressources avec un ignorant qu'avec celui qui s'est spécialisé dans un ordre d'études essentiellement limité, et qui a subi la déformation inhérente à une certaine éducation : l'ignorant peut avoir en lui des possibilités de compréhension auxquelles il n'a manqué qu'une occasion pour se développer, et ce cas peut être d'autant plus fréquent que la manière dont est distribué l'enseignement occidental est plus défectueuse. Les aptitudes que nous avons en vue quand nous parlons de l'élite, étant de l'ordre de l'intellectualité pure, ne peuvent être déterminées par aucun critérium extérieur, et ce sont là des choses qui n'ont rien à voir avec l'instruction « profane » ; il y a dans certains pays d'Orient des gens qui, ne sachant ni lire ni écrire, n'en parviennent pas moins à un degré fort élevé dans l'élite intellectuelle. Il ne faut d'ailleurs rien exagérer, pas plus dans un sens que dans l'autre : de ce que deux choses sont indépendantes, il ne s'ensuit pas qu'elles soient incompatibles ; et si, dans les conditions du monde occidental surtout, l'instruction « profane » ou extérieure peut fournir des moyens d'action supplémentaires, on aurait certainement tort de la dédaigner outre mesure. Seulement, il est certaines études qu'on ne peut faire impunément que quand, ayant déjà acquis cette invariable direction intérieure à laquelle nous avons fait allusion, on est définitivement immunisé contre toute déformation mentale ; quand on est arrivé à ce point, il n'y a plus aucun danger à redouter, car on sait toujours où l'on va : on peut aborder n'importe quel domaine sans risquer de s'y égarer, ni même de s'y arrêter plus qu'il ne convient, car on en connaît d'avance l'importance exacte ; on ne peut plus être séduit par l'erreur, sous quelque forme qu'elle se présente, ni la confondre avec la vérité, ni mêler le contingent à l'absolu ; si nous voulions employer ici un langage symbolique, nous pourrions dire qu'on possède à la fois une boussole infaillible et une cuirasse impénétrable. Mais, avant d'en arriver là, il faut souvent de longs efforts (nous ne disons pas toujours, le temps n'étant pas à cet égard un facteur essentiel), et c'est alors que les plus grandes précautions sont nécessaires pour éviter toute confusion, dans les conditions actuelles tout au moins, car il est évident que les mêmes dangers ne sauraient exister dans une civilisation traditionnelle, où ceux qui sont vraiment doués intellectuellement trouvent d'ailleurs toutes facilités pour développer leurs aptitudes ; en Occident, au contraire, ils ne peuvent rencontrer présentement que des obstacles, souvent insurmontables, et ce n'est que grâce à des circonstances assez exceptionnelles que l'on peut sortir des cadres imposés par les conventions tant mentales que sociales.

À notre époque, l'élite intellectuelle, telle que nous l'entendons, est donc véritablement inexistante en Occident ; les cas d'exception sont trop rares et trop isolés pour qu'on les regarde comme constituant quelque chose qui puisse porter ce nom, et encore sont-ils en réalité pour la plupart, tout à fait étrangers au monde occidental, car il s'agit d'individualités qui, devant tout à l'Orient sous le rapport intellectuel, se trouvent à peu près, à cet égard, dans la même situation que les Orientaux vivant en Europe, et qui ne savent que trop quel abîme les sépare mentalement des hommes qui les entourent. Dans ces conditions, on est assurément tenté de se renfermer en soi-même, plutôt que de risquer, en cherchant à exprimer certaines idées, de se heurter à l'indifférence générale ou même de provoquer des réactions hostiles ; pourtant, si l'on est persuadé de la nécessité de certains changements, il faut bien commencer à faire quelque chose en ce sens, et tout au moins donner, à ceux qui en sont capables (car il doit y en avoir malgré tout), l'occasion de développer leurs facultés latentes. La première difficulté est d'atteindre ceux qui sont ainsi qualifiés, et qui peuvent ne soupçonner aucunement leurs propres possibilités ; une seconde difficulté serait ensuite d'opérer une sélection et d'écarter ceux qui pourraient se croire qualifiés sans l'être effectivement, mais nous devons dire que, très probablement, cette élimination se ferait presque d'elle-même. Toutes ces questions n'ont pas à se poser là où il existe un enseignement traditionnel organisé, que chacun peut recevoir selon la mesure de sa propre capacité, et jusqu'au degré précis qu'il est susceptible d'obtenir ; il y a, en effet, des moyens de déterminer exactement la zone dans laquelle peuvent s'étendre les possibilités intellectuelles d'une individualité donnée ; mais c'est là un sujet qui est surtout d'ordre « pratique », si l'on peut employer ce moi en pareil cas, ou « technique », si l'on préfère, et qu'il n'y aurait aucun intérêt à traiter dans l'état actuel du monde occidental. Du reste, nous ne voulons en ce moment que faire pressentir, assez lointainement, quelques-unes des difficultés qu'il y aurait à surmonter pour arriver à un commencement d'organisation, à une constitution même embryonnaire de l'élite ; il serait par trop prématuré d'essayer dès maintenant de définir les moyens de cette constitution, moyens qui, s'il y a lieu de les envisager un jour, dépendront forcément des circonstances dans une large mesure, comme tout ce qui est proprement une affaire d'adaptation. La seule chose qui soit réalisable jusqu'à nouvel ordre, c'est de donner en quelque sorte la conscience d'eux-mêmes aux éléments possibles de la future élite, et cela ne peut se faire qu'en exposant certaines conceptions qui, lorsqu'elles atteindront ceux qui sont capables de comprendre, leur montreront l'existence de ce qu'ils ignoraient, et leur feront en même temps entrevoir la possibilité d'aller plus loin. Tout ce qui se rapporte à l'ordre métaphysique est, en soi, susceptible d'ouvrir, à qui le conçoit vraiment, des horizons illimités ; ce n'est pas là une hyperbole ni une façon de parler, mais il faut l'entendre tout à fait littéralement, comme une conséquence immédiate de l'universalité même des principes. Ceux à qui l'on parle simplement d'études métaphysiques, et de choses qui se tiennent exclusivement dans le domaine de la pure intellectualité, ne peuvent guère se douter, au premier abord, de tout ce que cela implique ; qu'on ne s'y trompe pas : il s'agit là des choses les plus formidables qui soient, et auprès desquelles tout le reste n'est qu'un jeu d'enfants. C'est pourquoi, d'ailleurs, ceux qui veulent aborder ce domaine sans posséder les qualifications requises pour parvenir au moins aux premiers degrés de la compréhension vraie, se retirent spontanément dès qu'ils se trouvent mis en demeure d'entreprendre un travail sérieux et effectif ; les véritables mystères se défendent d'eux-mêmes contre toute curiosité profane, leur nature même les garantit contre toute atteinte de la sottise humaine, non moins que des puissances d'illusion que l'on peut qualifier de « diaboliques » (libre à chacun de mettre sous ce mot tous les sens qu'il lui plaira, au propre ou au figuré). Aussi serait-il parfaitement puéril de recourir ici à des interdictions qui, en un tel ordre de choses, ne sauraient avoir la moindre raison d'être ; de pareilles interdictions sont peut-être légitimes en d'autres cas, que nous n'avons pas l'intention de discuter, mais elles ne peuvent concerner la pure intellectualité ; et, sur les points qui, dépassant la simple théorie, exigent une certaine réserve, il n'est point besoin de faire prendre, à ceux qui savent à quoi s'en tenir, des engagements quelconques pour les obliger à garder toujours la prudence et la discrétion nécessaires ; tout cela est bien au delà de la portée des formules extérieures, quelles qu'elles puissent être, et n'a aucun rapport avec ces « secrets » plus ou moins bizarres qu'invoquent surtout ceux qui n'ont rien à dire.

Puisque nous avons été amené à parler d'organisation de l'élite, nous devons signaler, à ce propos, une méprise que nous avons eu assez souvent l'occasion de constater : bien des gens, en entendant prononcer ce mot d' « organisation », s'imaginent aussitôt qu'il s'agit de quelque chose de comparable à la formation d'un groupement on d'une association quelconque. C'est là une erreur complète, et ceux qui se font de telles idées prouvent par là qu'ils ne comprennent ni le sens ni la portée de la question ; ce que nous venons de dire en dernier lieu doit déjà en faire apercevoir les raisons. Pas plus que la métaphysique vraie ne peut s'enfermer dans les formules d'un système ou d'une théorie particulière, l'élite intellectuelle ne saurait s'accommoder des formes d'une « société » constituée avec des statuts, des règlements, des réunions, et toutes les autres manifestations extérieures que ce mot implique nécessairement ; il s'agit de bien autre chose que de semblables contingences. Qu'on ne dise pas que, pour commencer, pour former en quelque sorte un premier noyau, il pourrait y avoir lieu d'envisager une organisation de ce genre ; ce serait là un fort mauvais point de départ, et qui ne pourrait guère conduire qu'à un échec. En effet, non seulement cette forme de « société » est inutile en pareil cas, mais elle serait extrêmement dangereuse, en raison des déviations qui ne manqueraient pas de se produire : si rigoureuse que soit la sélection, il serait bien difficile d'empêcher, surtout au début et dans un milieu si peu préparé, qu'il ne s'y introduise quelques unités dont l'incompréhension suffirait pour tout compromettre ; et il est à prévoir que de tels groupements risqueraient fort de se laisser séduire par la perspective d'une action sociale immédiate, peut-être même politique au sens le plus étroit de ce mot, ce qui serait bien la plus fâcheuse de toutes les éventualités, et la plus contraire au but proposé. On n'a que trop d'exemples de semblables déviations : combien d'associations, qui auraient pu remplir un rôle très élevé (sinon purement intellectuel, du moins confinant à l'intellectualité) si elles avaient suivi la ligne qui leur avait été tracée à l'origine, n'ont guère tardé à dégénérer ainsi, jusqu'à agir à l'opposé de la direction première dont elles continuent pourtant à porter les marques, fort visibles encore pour qui sait les comprendre ! C'est ainsi que s'est perdu totalement, depuis le XVIe siècle, ce qui aurait pu être sauvé de l'héritage laissé par le moyen âge ; et nous ne parlons pas de tous les inconvénients accessoires : ambitions mesquines, rivalités personnelles et autres causes de dispensions qui surgissent fatalement dans les groupements ainsi constitués, surtout si l'on tient compte, comme il le faut bien, de l'individualisme occidental. Tout cela montre assez clairement ce qu'il ne faut pas faire ; on voit peut-être moins bien ce qu'il faudrait faire, et cela est naturel, puisque, au point où nous en sommes, nul ne saurais dire au juste comment l'élite sera constituée, en admettant qu'elle le soit jamais ; il s'agit là probablement d'un avenir lointain, et l'on ne doit pas se faire d'illusions à cet égard. Quoi qu'il en soit, nous dirons que, en Orient les organisations les plus puissantes, celles qui travaillent vraiment dans l'ordre profond, ne sont aucunement des « sociétés » au sens européen de ce mot ; il se forme parfois, sous leur influence, des sociétés plus ou moins extérieures, en vue d'un but précis et défini, mais ces sociétés, toujours temporaires, disparaissent dès qu'elles ont rempli la fonction qui leur était désignée. La société extérieure n'est donc ici qu'une manifestation accidentelle de l'organisation intérieure préexistante, et celle-ci, dans tout ce qu'elle a d'essentiel, est toujours absolument indépendante de celle-là ; l'élite n'a pas à se mêler à des luttes qui, quelle qu'en soit l'importance, sont forcément étrangères à son domaine propre ; son rôle social ne peut être qu'indirect, mais il n'en est que plus efficace, car, pour diriger vraiment ce qui se meut, il ne faut pas être entraîné soi-même dans le mouvement. C'est donc là exactement l'inverse du plan que suivraient ceux qui voudraient former d'abord des sociétés extérieures ; celles-ci ne doivent être que l'effet, non la cause ; elles ne pourraient avoir d'utilité et de vraie raison d'être que si l'élite existait déjà au préalable (conformément à l'adage scolastique : « pour agir, il faut être ») et si elle était assez fortement organisée pour empêcher sûrement toute déviation. C'est en Orient seulement qu'on peut trouver actuellement les exemples dont il conviendrait de s'inspirer ; nous avons bien des raisons de penser que l'Occident a eu aussi, au moyen âge, quelques organisations du même type, mais il est au moins douteux qu'il en ait subsisté des traces suffisantes pour qu'on puisse arriver à s'en faire une idée exacte autrement que par analogie avec ce qui existe en Orient, analogie basée d'ailleurs, non sur des suppositions gratuites, mais sur des signes qui ne trompent pas quand on connaît déjà certaines choses ; encore faut-il, pour les connaître, s'adresser là où il est possible de les trouver présentement, car il s'agit, non de curiosités archéologiques, mais d'une connaissance qui, pour être profitable, ne peut être que directe. Cette idée d'organisations qui ne revêtent point la forme de « sociétés », qui n'ont aucun des éléments extérieurs par lesquels celles-ci se caractérisent, et qui n'en sont que plus effectivement constituées, parce qu'elles sont fondées réellement sur ce qu'il y a d'immuable et n'admettent en soi aucun mélange de transitoire, cette idée, disons-nous, est tout à fait étrangère à la mentalité moderne, et nous avons pu nous rendre compte en diverses occasions des difficultés qu'on rencontre à la faire comprendre ; peut-être trouverons-nous le moyen d'y revenir quelque jour, car des explications trop étendues sur ce sujet ne rentreraient pas dans le cadre de la présente étude, où nous n'y faisons allusion qu'incidemment et pour couper court à un malentendu.

Cependant, nous n'entendons fermer la porte à aucune possibilité, sur ce terrain pas plus que sur aucun autre, ni décourager aucune initiative, pour peu qu'elle puisse produire des résultats valables et qu'elle n'aboutisse pas à un simple gaspillage de forces ; nous ne voulons que mettre en garde contre des opinions fausses et des conclusions trop hâtives. Il va de soi que, si quelques personnes, au lieu de travailler isolément, préféraient se réunir pour constituer des sortes de « groupes d'études », ce n'est pas là que nous verrions un danger ni même un inconvénient, mais à la condition qu'elles soient bien persuadées qu'elles n'ont nul besoin de recourir à ce formalisme extérieur auquel la plupart de nos contemporains attribuent tant d'importance, précisément parce que les choses extérieures sont tout pour eux. Du reste, même pour former simplement des « groupes d'études », si l'on voulait y faire un travail sérieux et le poursuivre assez loin, bien des précautions seraient nécessaires, car tout ce qui s'accomplit dans ce domaine met en jeu des puissances insoupçonnées du vulgaire, et, si l'on manque de prudence, on s'expose à d'étranges réactions, du moins tant qu'un certain degré n'a pas été atteint. D'autre part, les questions de méthode, ici, dépendent étroitement des principes mêmes ; c'est dire qu'elles ont une importance bien plus considérable qu'en tout autre domaine, et des conséquences autrement graves que sur le terrain scientifique, où elles, sont pourtant déjà loin d'être négligeables. Ce n'est pas le lieu de développer toutes ces considérations ; nous n'exagérons rien, mais, comme nous l'avons dit au début, nous ne voulons pas non plus dissimuler les difficultés ; l'adaptation à telles ou telles conditions définies est toujours extrêmement délicate, et il faut posséder des données théoriques inébranlables et fort étendues avant de songer à tenter la moindre réalisation. L'acquisition même de ces données n'est pas une tâche si aisée pour des Occidentaux ; en tout cas, et nous n'y insisterons jamais trop, elle est ce par quoi il faut nécessairement débuter, elle constitue l'unique préparation indispensable, sans laquelle rien ne peut être fait, et dont dépendent essentiellement toutes les réalisations ultérieures, dans quelque ordre que ce soit.

Il est encore un autre point sur lequel nous devons nous expliquer : nous avons dit ailleurs que l'appui des Orientaux ne ferait pas défaut à l'élite intellectuelle dans l'accomplissement de sa tâche, parce que, naturellement, ils seront toujours favorables à un rapprochement qui sera ce qu'il doit être normalement ; mais cela suppose une élite occidentale déjà constituée, et, pour sa constitution même, il faut que l'initiative parte de l'Occident. Dans les conditions actuelles, les représentants autorisés des traditions orientales ne peuvent pas s'intéresser intellectuellement à l'Occident ; du moins, ils ne peuvent s'intéresser qu'aux rares individualités qui viennent à eux, directement ou indirectement, et qui ne sont que des cas trop exceptionnels pour permettre d'envisager une action généralisée. Nous pouvons affirmer ceci : jamais aucune organisation orientale n'établira de « branches » en Occident ; jamais même, tant que les conditions ne seront pas entièrement changées, elle ne pourra entretenir de relations avec aucune organisation occidentale, quelle qu'elle soit, car elle ne pourrait le faire qu'avec l'élite constituée conformément aux vrais principes. Donc, jusque là, on ne peut demander aux Orientaux rien de plus que des inspirations, ce qui est déjà beaucoup, et ces inspirations ne peuvent être transmises que par des influences individuelles servant d'intermédiaires, non par une action directe d'organisations qui, à moins de bouleversements imprévus, n'engageront jamais leur responsabilité dans les affaires du monde occidental, et cela se comprend, car ces affaires, après tout, ne les concernent pas ; les Occidentaux sont seuls à se mêler trop volontiers de ce qui se passe chez les autres. Si personne en Occident ne fait preuve à la fois de la volonté et de la capacité de comprendre tout ce qui est nécessaire pour se rapprocher vraiment de l'Orient, celui-ci se gardera bien d'intervenir, sachant d'ailleurs que ce serait inutile, et, quand bien même l'Occident devrait se précipiter à un cataclysme, il ne pourrait faire autrement que de le laisser abandonné à lui-même ; en effet, comment agir sur l'Occident, à supposer qu'on le veuille, si l'on n'y trouve pas le moindre point d'appui ? De toute façon, nous le redisons encore, c'est aux Occidentaux qu'il appartient de faire les premiers pas ; naturellement, ce n'est pas de la masse occidentale qu'il peut être question, ni même d'un nombre considérable d'individus, ce qui serait peut-être plus nuisible qu'utile à certains égards ; pour commencer, il suffit de quelques-uns, à la condition qu'ils soient capables de comprendre vraiment et profondément tout ce dont il s'agit. Il y a encore autre chose : ceux qui se sont assimilé directement l'intellectualité orientale ne peuvent prétendre qu'à jouer ce rôle d'intermédiaires dont nous parlions tout à l'heure ; ils sont, du fait de cette assimilation, trop près de l'Orient pour faire plus ; ils peuvent suggérer des idées, exposer des conceptions, indiquer ce qu'il conviendrait de faire, mais non prendre par eux-mêmes l'initiative d'une organisation qui, venant d'eux, ne serait pas vraiment occidentale. S'il y avait encore, en Occident, des individualités, même isolées, ayant conservé intact le dépôt de la tradition purement intellectuelle qui a dû exister au moyen âge, tout serait grandement simplifié ; mais c'est à ces individualités d'affirmer leur existence et de produire leurs titres, et, tant qu'elles ne l'auront pas fait, il ne nous appartient pas de résoudre la question. À défaut de cette éventualité, malheureusement assez improbable, c'est seulement ce que nous pourrions appeler une assimilation au second degré des doctrines orientales qui pourrait susciter les premiers éléments de l'élite future ; nous voulons dire que l'initiative devrait venir d'individualités qui se seraient développées par la compréhension de ces doctrines, mais sans avoir de liens trop directs avec l'Orient, et en gardant au contraire le contact avec tout ce qui peut encore subsister de valable dans la civilisation occidentale, et spécialement avec les vestiges d'esprit traditionnel qui ont pu s'y maintenir, en dépit de la mentalité moderne, principalement sous la forme religieuse. Ce n'est pas à dire que ce contact doive être nécessairement rompu pour ceux dont l'intellectualité est devenue tout orientale, et d'autant moins que, en somme, ils sont essentiellement des représentants de l'esprit traditionnel ; mais leur situation est trop particulière pour qu'ils ne soient pas astreints à une très grande réserve, surtout tant qu'on ne fera pas expressément appel à leur collaboration ; ils doivent se tenir dans l'expectative, comme les Orientaux de naissance, et tout ce qu'ils peuvent faire de plus que ces derniers, c'est de présenter les doctrines sous une forme mieux appropriée à l'Occident, et de faire ressortir les possibilités de rapprochement qui s'attachent à leur compréhension ; encore une fois, ils doivent se contenter d'être les in intermédiaires dont la présence prouve que tout espoir d'entente n'est pas irrémédiablement perdu.

Qu'on veuille bien ne pas prendre ces réflexions pour autre chose que ce qu'elles sont, ni en tirer des conséquences qui risqueraient d'être fort étrangères à notre pensée ; si trop de points restent imprécis, c'est qu'il ne nous est pas possible de faire autrement, et que les circonstances seules permettront par la suite de les élucider peu à peu. Dans tout ce qui n'est pas purement et strictement doctrinal, les contingences interviennent forcément, et c'est d'elles que peuvent être tirés les moyens secondaires de toute réalisation qui suppose une adaptation préalable ; nous disons les moyens secondaires, car le seul essentiel, il ne faut pas l'oublier, réside dans l'ordre de la connaissance pure (en tant que connaissance simplement théorique, préparation de la connaissance pleinement effective, car celle-ci est non un moyen, mais une fin en soi, par rapport à laquelle toute application n'a que le caractère d'un « accident » qui ne saurait ni l'affecter ni la déterminer). Si nous avons, dans des questions comme celles-là, le souci de n'en dire ni trop ni trop peu, c'est que, d'une part, nous tenons à nous faire comprendre aussi clairement que possible, et que cependant, d'autre part, nous devons toujours réserver les possibilités, actuellement imprévues, que les circonstances peuvent faire apparaître ultérieurement ; les éléments qui sont susceptibles d'entrer en jeu sont d'une prodigieuse complexité, et, dans un milieu aussi instable que le monde occidental, on ne saurait faire trop large la part de cet imprévu, que nous ne disons pas absolument imprévisible, mais sur lequel nous ne nous reconnaissons pas le droit d'anticiper. C'est pourquoi les précisions qu'on peut donner sont surtout négatives, en ce sens qu'elles répondent à des objections, soit effectivement formulées, soit seulement envisagées comme possibles, ou qu'elles écartent des erreurs, des malentendus, des formes diverses de l'incompréhension, à mesure qu'on a l'occasion de les constater ; mais, en procédant ainsi par élimination, on arrive à une position plus nette de la question, ce qui, somme toute, est déjà un résultat appréciable et, quelles que soient les apparences, véritablement positif. Nous savons bien que l'impatience occidentale s'accommode difficilement de semblables méthodes, et qu'elle serait plutôt disposée à sacrifier la sûreté au profit de la promptitude ; mais nous n'avons pas à tenir compte de ces exigences, qui ne permettent à rien de stable de s'édifier, et qui sont tout à fait contraires au but que nous envisageons. Ceux qui ne sont pas même capables de réfréner leur impatience le seraient encore bien moins de mener à bien le moindre travail d'ordre métaphysique ; qu'ils essaient simplement, à titre d'exercice préliminaire ne les engageant à rien, de concentrer leur attention sur une idée unique, d'ailleurs quelconque, pendant une demi-minute (il ne semble pas que ce soit trop exiger), et ils verront si nous avons tort de mettre en doute leurs aptitudes.

Nous n'ajouterons donc rien de plus sur les moyens par lesquels une élite intellectuelle pourra parvenir à se constituer en Occident ; même en admettant les circonstances les plus favorables, cette constitution est loin d'apparaître comme immédiatement possible, ce qui ne veut pas dire qu'il ne faille pas songer à la préparer dès maintenant. Quant au rôle qui sera dévolu à cette élite, il se dégage assez nettement de tout ce qui a été dit jusqu'ici : c'est essentiellement le retour de l'Occident à une civilisation traditionnelle, dans ses principes et dans tout l'ensemble de ses institutions. Ce retour devra s'effectuer par ordre, en allant des principes aux conséquences, et en descendant par degrés jusqu'aux applications les plus contingentes ; et il ne pourra se faire qu'en utilisant à la fois les données orientales et ce qui reste d'éléments traditionnels en Occident même, les unes complétant les autres et s'y superposant sans les modifier en eux-mêmes, mais en leur donnant avec le sens le plus profond dont ils soient susceptibles, toute la plénitude de leur propre raison d'être. Il faut, nous l'avons dit, s'en tenir tout d'abord au point de vue purement intellectuel, et, par une répercussion toute naturelle, les conséquences s'étendront ensuite de proche en proche, et plus ou moins rapidement, à tous les autres domaines, y compris celui des applications sociales ; si quelque travail valable a déjà été accompli par ailleurs dans ces autres domaines, il n'y aura évidemment qu'à s'en féliciter, mais ce n'est pas à cela qu'il convient de s'attacher en premier lieu, car ce serait donner à l'accessoire le pas sur l'essentiel. Tant qu'on n'en sera pas arrivé au moment voulu, les considérations qui se rapportent aux points de vue secondaires ne devront guère intervenir qu'à titre d'exemples, ou plutôt d'« illustrations » ; elles peuvent en effet si elles sont présentées à propos et sous une forme appropriée, avoir l'avantage de faciliter la compréhension des vérités plus essentielles en fournissant une sorte de point d'appui, et aussi d'éveiller l'attention de gens qui, par une appréciation erronée de leurs propres facultés, se croiraient incapables d'atteindre à la pure intellectualité, sans d'ailleurs savoir ce qu'elle est ; qu'on se souvienne de ce que nous avons dit plus haut sur ces moyens inattendus qui peuvent déterminer occasionnellement un développement intellectuel à ses débuts. Il est nécessaire de marquer d'une façon absolue la distinction de l'essentiel et de l'accidentel ; mais, cette distinction étant établie, nous ne voulons assigner aucune délimitation restrictive au rôle de l'élite, dans laquelle chacun pourra toujours trouver à employer ses facultés spéciales comme par surcroît et sans que ce soit aucunement au détriment de l'essentiel. En somme, l'élite travaillera d'abord pour elle-même, puisque, naturellement, ses membres recueilleront de leur propre développement un bénéfice immédiat et qui ne saurait faire défaut, bénéfice constituant d'ailleurs une acquisition permanente et inaliénable ; mais, en même temps et par là même, quoique moins immédiatement, elle travaillera aussi nécessairement pour l'Occident en général, car il est impossible qu'une élaboration comme celle dont il s'agit s'effectue dans un milieu quelconque sans y produire tôt ou tard des modifications considérables. De plus, les courants mentaux sont soumis à des lois parfaitement définies, et la connaissance de ces lois permet une action bien autrement efficace que l'usage de moyens tout empiriques ; mais ici, pour en venir à l'application et la réaliser dans toute son ampleur, il faut pouvoir s'appuyer sur une organisation fortement constituée, ce qui ne veut pas dire que des résultats partiels, déjà appréciables, ne puissent être obtenus avant qu'on en soit arrivé à ce point. Si défectueux et si incomplets que soient les moyens dont on dispose, il faut pourtant commencer par les mettre en œuvre tels quels, sans quoi l'on ne parviendra jamais à en acquérir de plus parfaits ; et nous ajouterons que la moindre chose accomplie en conformité harmonique avec l'ordre des principes porte virtuellement en soi des possibilités dont l'expansion est capable de déterminer les plus prodigieuses conséquences, et cela dans tous les domaines, à mesure que ses répercussions s'y étendent selon leur répartition hiérarchique et par voie de progression indéfinie.

Naturellement, en parlant du rôle de l'élite, nous supposons que rien ne viendra interrompre brusquement son action, c'est-à-dire que nous nous plaçons dans l'hypothèse la plus favorable ; il se pourrait aussi, car il y a des discontinuités dans les événements historiques, que la civilisation occidentale vint à sombrer dans quelque cataclysme avant que cette action fût accomplie. Si pareille chose se produisait avant même que l'élite n'ait été pleinement constituée, les résultats du travail antérieur se borneraient évidemment aux bénéfices intellectuels qu'en auraient recueillis ceux qui y auraient pris part, mais ces bénéfices sont, par eux-mêmes, quelque chose d'inappréciable, et ainsi, ne dût-il y avoir rien d'autre, il vaudrait encore la peine d'entreprendre ce travail ; les fruits en demeureraient alors réservés à quelques-uns, mais ceux-là auraient, pour leur propre compte, obtenu l'essentiel. Si l'élite, tout en étant déjà constituée, n'avait pas le temps d'exercer une action suffisamment généralisée pour modifier profondément la mentalité occidentale dans son ensemble, il y aurait quelque chose de plus : cette élite serait véritablement, pendant la période de trouble et de bouleversement, l'« arche » symbolique flottant sur les eaux du déluge, et, par la suite, elle pourrait servir de point d'appui à une action par laquelle l'Occident, tout en perdant probablement son existence autonome, recevrait cependant, des autres civilisations subsistantes, les principes d'un nouveau développement, cette fois régulier et normal. Mais, dans ce second cas, il y aurait encore, au moins transitoirement, de fâcheuses éventualités à envisager : les révolutions ethniques auxquelles nous avons déjà fait allusion seraient assurément fort graves ; de plus, il serait bien préférable pour l'Occident, au lieu d'être absorbé purement et simplement, de pouvoir se transformer de façon à acquérir une civilisation comparable à celles de l'Orient, mais adaptée à ses conditions propres, et le dispensant, quant à sa masse, de s'assimiler plus ou moins péniblement des formes traditionnelles qui n'ont pas été faites pour lui. Cette transformation, s'opérant sans heurt et comme spontanément, pour restituer à l'Occident une civilisation traditionnelle appropriée, c'est ce que nous venons d'appeler l'hypothèse la plus favorable ; telle serait l'œuvre de l'élite, avec l'appui des détenteurs des traditions orientales, sans doute, mais avec une initiative occidentale comme point de départ ; et l'on doit comprendre maintenant que cette dernière condition, même si elle n'était pas aussi rigoureusement indispensable qu'elle l'est effectivement, n'en apporterait pas moins un avantage considérable, en ce sens que c'est là ce qui permettrait à l'Occident de conserver son autonomie et même de garder, pour son développement futur, les éléments valables qu'il peut avoir acquis malgré tout dans sa civilisation actuelle. Enfin, si cette hypothèse avait le temps de se réaliser, elle éviterait la catastrophe que nous envisagions en premier lieu, puisque la civilisation occidentale, redevenue normale, aurait sa place légitime parmi les autres, et qu'elle ne serait plus, comme elle l'est aujourd'hui, une menace pour le reste de l'humanité, un facteur de déséquilibre et d'oppression dans le monde. En tout cas, il faut faire comme si le but que nous indiquons ici devait être atteint, puisque, même si les circonstances ne permettent pas qu'il le soit, rien de ce qui aura été accompli dans le sens qui doit y conduire ne sera perdu ; et la considération de ce but peut fournir, à ceux qui sont capables de faire partie de l'élite, un motif d'appliquer leurs efforts à la compréhension de la pure intellectualité, motif qui ne sera point à négliger tant qu'ils n'auront pas pris entièrement conscience de quelque chose de moins contingent, nous voulons dire de ce que l'intellectualité vaut en soi, indépendamment des résultats qu'elle peut produire par surcroit dans les ordres plus ou moins extérieurs. La considération de ces résultats, si secondaires qu'ils soient, peut donc être tout au moins un « adjuvant », et elle ne saurait d'autre part être un obstacle si l'on a soin de la mettre exactement à sa place et d'observer en tout les hiérarchies nécessaires, de façon à ne jamais perdre de vue l'essentiel ni le sacrifier à l'accidentel ; nous nous sommes déjà expliqué là-dessus, suffisamment pour justifier, aux yeux de ceux qui comprennent ces choses, le point de vue que nous adoptons présentement, et qui, s'il ne correspond pas à toute notre pensée (et il ne le peut pas, dès lors que les considérations purement doctrinales et spéculatives sont pour nous au-dessus de toutes les autres), en représente cependant une partie très réelle.

Nous ne prétendons envisager ici rien de plus que des possibilités très éloignées selon toute vraisemblance, mais qui n'en sont pas moins des possibilités, et qui, à ce seul titre, méritent d'être prises en considération ; et le fait même de les envisager peut déjà contribuer, dans une certaine mesure, à en rapprocher la réalisation. D'ailleurs, dans un milieu essentiellement mouvant comme l'Occident moderne, les événements peuvent, sous l'action de circonstances quelconques, se dérouler avec une rapidité dépassant de beaucoup toutes les prévisions ; on ne saurait donc s'y prendre trop tôt pour se préparer à y faire face, et il vaut mieux voir de trop loin que de se laisser surprendre par l'irréparable. Sans doute, nous ne nous faisons pas d'illusions sur les chances qu'ont des avertissements de ce genre d'être entendus de la majorité de nos contemporains ; mais, comme nous l'avons dit, l'élite intellectuelle n'aurait pas besoin d'être fort nombreuse, au début surtout, pour que son influence puisse s'exercer d'une manière très effective, même sur ceux qui ne se douteraient aucunement de son existence ou qui ne soupçonneraient pas le moins du monde la portée de ses travaux. C'est là qu'on pourrait se rendre compte de l'inutilité de ces « secrets » auxquels nous faisions allusion plus haut : il y a des actions qui, par leur nature même, demeurent parfaitement ignorées du vulgaire, non parce qu'on se cache de lui, mais parce qu'il est incapable de les comprendre. L'élite n'aurait point à faire connaître publiquement les moyens de son action, mais surtout parce que ce serait inutile, et parce que, le voulût-elle, elle ne pourrait les expliquer en un langage intelligible au grand nombre : elle saurait à l'avance que ce serait peine perdue, et que les efforts qu'elle y dépenserait pourraient recevoir un bien meilleur emploi. Nous ne contestons pas, d'ailleurs, le danger ou l'inopportunité de certaines divulgations : bien des gens pourraient être tentés, si on leur en indiquait les moyens, de s'essayer à des réalisations auxquelles rien ne les aurait préparés, uniquement « pour voir », sans en connaître la véritable raison d'être et sans savoir où elles pourraient les conduire ; et ce ne serait là qu'une cause supplémentaire de déséquilibre, qu'il ne convient nullement d'ajouter à toutes celles qui troublent aujourd'hui la mentalité occidentale et la troubleront sans doute longtemps encore, et qui serait même d'autant plus redoutable qu'il s'agit de choses d'une nature plus profonde ; mais tous ceux qui possèdent certaines connaissances sont, par là même, pleinement qualifiés pour apprécier de semblables dangers, et ils sauront toujours se comporter en conséquence sans être liés par d'autres obligations que celles qu'implique tout naturellement le degré de développement intellectuel auquel ils sont parvenus. Du reste, il faut nécessairement commencer par la préparation théorique, la seule essentielle et vraiment indispensable, et la théorie peut toujours être exposée sans réserves, ou du moins sous la seule réserve de ce qui est proprement inexprimable et incommunicable ; c'est à chacun de comprendre dans la mesure de ses possibilités, et, quant à ceux qui ne comprennent pas, s'ils n'en retirent aucun avantage, ils n'en éprouvent non plus aucun inconvénient et demeurent simplement tels qu'ils étaient auparavant. Peut-être s'étonnera-t-on que nous insistions tant sur des choses qui, en somme, sont extrêmement simples et ne devraient soulever aucune difficulté ; mais l'expérience nous a montré qu'on ne saurait prendre trop de précautions à cet égard, et nous aimons mieux donner sur certains points un excès d'explications que de risquer de voir notre pensée mal interprétée ; les précisions qu'il nous reste encore à apporter procèdent en grande partie du même souci, et, comme elles répondent à une incompréhension que nous avons effectivement constatée en plusieurs circonstances, elles prouveront suffisamment que notre crainte des malentendus n'a rien d'exagéré.

4

ENTENTE ET NON-FUSION

Toutes les civilisations orientales, malgré la très grande différence des formes qu'elles revêtent, sont comparables entre elles, parce qu'elles ont toutes un caractère essentiellement traditionnel ; chaque tradition a son expression et ses modalités propres, mais, partout où il y a tradition, au sens vrai et profond de ce mot, il y a nécessairement accord sur les principes. Les différences résident uniquement dans les formes extérieures, dans les applications contingentes, qui sont naturellement conditionnées par les circonstances, spécialement par les caractères ethniques, et qui, pour une civilisation donnée, peuvent même varier dans certaines limites, puisque c'est là le domaine laissé à l'adaptation. Mais, là où il ne subsiste plus que des formes extérieures qui ne traduisent rien d'un ordre plus profond, il ne peut plus guère y avoir que des différences par rapport aux autres civilisations ; il n'y a plus d'accord possible, des lors qu'il n'y a plus de principes ; et c'est pourquoi le défaut de rattachement effectif à une tradition nous apparaît comme la racine même de la déviation occidentale. Aussi déclarons-nous formellement que le but essentiel que l'élite intellectuelle, si elle arrive à se constituer un jour, devra assigner à son activité, c'est le retour de l'Occident à une civilisation traditionnelle ; et nous ajoutons que, s'il y a jamais eu un développement proprement occidental en ce sens, c'est le moyen âge qui nous en offre l'exemple, de sorte qu'il s'agirait en somme, non de copier ou de reconstituer purement et simplement ce qui exista à cette époque (chose manifestement impossible, car, quoi qu'en prétendent certains, l'histoire ne se répète pas, et il n'y a dans le monde que des choses analogues non des choses identiques), mais bien de s'en inspirer pour l'adaptation nécessitée par les circonstances. C'est là, textuellement, ce que nous avons toujours dit, et c'est avec intention que nous le reproduirons dans les termes mêmes dont nous nous sommes déjà servi ; cela nous paraît assez net pour ne laisser place à aucune équivoque. Pourtant, il en est qui s'y sont mépris de la façon la plus singulière, et qui ont cru pouvoir nous attribuer les intentions les plus fantaisistes, par exemple celle de vouloir restaurer quelque chose de comparable au « syncrétisme » alexandrin ; nous y reviendrons tout à l'heure, mais précisons d'abord que, quand nous parlons du moyen âge, nous avons surtout en vue la période qui s'étend du règne de Charlemagne au début du XIVe siècle ; c'est assez loin d'Alexandrie ! Il est vraiment curieux que, lorsque nous affirmons l'unité fondamentale de toutes les doctrines traditionnelles, on puisse comprendre qu'il s'agit d'opérer une « fusion » entre des traditions différentes, et qu'on ne se rende pas compte que l'accord sur les principes ne suppose aucunement l'uniformité ; cela ne viendrait-il pas encore de ce défaut très occidental qu'est l'incapacité d'aller plus loin que les apparences extérieures ? Quoi qu'il en soit, il ne nous parait pas inutile de revenir sur cette question et d'y insister davantage, de manière à ce que nos intentions ne soient plus dénaturées pareillement ; et d'ailleurs, même en dehors de cette considération, la chose n'est pas sans intérêt.

En raison de l'universalité des principes, comme nous l'avons dit, toutes les doctrines traditionnelles sont d'essence identique ; il n'y a et il ne peut y avoir qu'une métaphysique, quelles que soient les façons diverses dont on l'exprime, dans la mesure où elle est exprimable, suivant le langage qu'on a à sa disposition, et qui n'a d'ailleurs jamais qu'un rôle de symbole ; et, s'il en est ainsi, c'est tout simplement parce que la vérité est une, et parce que, étant en soi absolument indépendante de nos conceptions, elle s'impose pareillement à tous ceux qui la comprennent. Donc, deux traditions véritables ne peuvent en aucun cas s'opposer comme contradictoires ; s'il est des doctrines qui sont incomplètes (qu'elles l'aient toujours été ou qu'une partie s'en soit perdue) et qui vont plus ou moins loin, il n'en est pas moins vrai que, jusqu'au point où ces doctrines s'arrêtent, l'accord avec les autres subsiste, quand même leurs représentants actuels n'en auraient pas conscience ; pour tout ce qui est au delà, il ne saurait être question d'accord ni de désaccord, mais seul l'esprit de système pourrait faire contester l'existence de cet « au-delà », et, sauf cette négation de parti pris qui ressemble un peu trop à celles qui sont coutumières à l'esprit moderne, tout ce que peut faire la doctrine qui est incomplète, c'est de s'avouer incompétente à l'égard de ce qui la dépasse. En tout cas, si l'on trouvait une contradiction apparente entre deux traditions, il faudrait en conclure, non point que l'une est vraie et que l'autre est fausse, mais qu'il y en a au moins une qu'on ne comprend qu'imparfaitement ; et, en examinant les choses de plus près, on s'apercevrait qu'il y avait effectivement une de ces erreurs d'interprétation auxquelles les différences d'expression peuvent donner lieu très facilement quand on y est insuffisamment habitué. Quant à nous, d'ailleurs, nous devons dire que, en fait, nous ne trouvons pas de telles contradictions, tandis que, par contre, nous voyons apparaître fort clairement, sous les formes les plus diverses, l'unité doctrinale essentielle ; ce qui nous étonne, c'est que ceux qui posent en principe l'existence d'une « tradition primordiale » unique, commune à toute l'humanité à ses origines, ne voient pas les conséquences qui sont impliquées dans cette affirmation ou ne sachent pas les en tirer, et qu'ils soient parfois tout aussi acharnés que d'autres à découvrir des oppositions qui sont purement imaginaires. Nous ne parlons, bien entendu, que des doctrines qui sont véritablement traditionnelles, « orthodoxes » si l'on veut ; il y a des moyens pour reconnaître, sans aucune erreur possible, ces doctrines parmi toutes les autres, comme il y en a aussi pour déterminer le degré exact de compréhension auquel correspond une doctrine quelconque ; mais ce n'est pas là ce dont il s'agit présentement. Pour résumer notre pensée en quelques mots, nous pouvons dire ceci : toute vérité est exclusive de l'erreur, non d'une autre vérité (ou, pour mieux nous exprimer, d'un autre aspect de la vérité) ; et, nous le répétons, tout autre exclusivisme que celui-là n'est qu'esprit de système, incompatible avec la compréhension des principes universels.

L'accord, portant essentiellement sur les principes, ne peut être vraiment conscient que pour les doctrines qui renferment au moins une part de métaphysique ou d'intellectualité pure ; il ne l'est pas pour celles qui sont limitées strictement à une forme particulière, par exemple à la forme religieuse. Cependant, cet accord n'en existe pas moins réellement en pareil cas, en ce sens que les vérités théologiques peuvent être regardées comme une traduction, à un point de vue spécial, de certaines vérités métaphysiques ; mais, pour faire apparaître cet accord, il faut alors effectuer la transposition qui restitue à ces vérités leur sens le plus profond, et le métaphysicien seul peut le faire, parce qu'il se place au delà de toutes les formes particulières et de tous les points de vue spéciaux. Métaphysique et religion ne sont pas et ne seront jamais sur le même plan ; il résulte de là, d'ailleurs, qu'une doctrine purement métaphysique et une doctrine religieuse ne peuvent ni se faire concurrence ni entrer en conflit, puisque leurs domaines sont nettement différents. Mais, d'autre part, il en résulte aussi que l'existence d'une doctrine uniquement religieuse est insuffisante pour permettre d'établir une entente profonde comme celle que nous avons en vue quand nous parlons du rapprochement intellectuel de l'Orient et de l'Occident ; c'est pourquoi nous avons insisté sur la nécessité d'accomplir en premier lieu un travail d'ordre métaphysique, et ce n'est qu'ensuite que la tradition religieuse de l'Occident, revivifiée et restaurée dans sa plénitude, pourrait devenir utilisable à cette fin, grâce à l'adjonction de l'élément intérieur qui lui fait actuellement défaut, mais qui peut fort bien venir s'y superposer sans que rien soit changé extérieurement. Si une entente est possible entre les représentants des différentes traditions, et nous savons que rien ne s'y oppose en principe, cette entente ne pourra se faire que par en haut, de telle façon que chaque tradition gardera toujours son entière indépendance, avec les formes qui lui sont propres ; et la masse, tout en participant aux bénéfices de cette entente, n'en aura pas directement conscience, car c'est là une chose qui ne concerne que l'élite, et même « l'élite de l'élite », suivant l'expression qu'emploient certaines écoles islamiques.

On voit combien tout cela est éloigné de nous ne savons quels projets de « fusion » que nous regardons comme parfaitement irréalisables : une tradition n'est pas une chose qui peut s'inventer ou se créer artificiellement ; en rassemblant tant bien que mal des éléments empruntés à des doctrines diverses, on ne constituera jamais qu'une pseudo-tradition sans valeur et sans portée, et ce sont là des fantaisies qu'il convient de laisser aux occultistes et aux théosophistes ; pour agir ainsi, il faut ignorer ce qu'est vraiment une tradition, et ne pas comprendre le sens réel et profond de ces éléments que l'on s'efforce d'associer en un ensemble plus ou moins incohérent. Tout cela, en somme, n'est qu'une sorte d'« éclectisme », et il n'est rien à quoi nous soyons plus résolument opposé, précisément parce que nous voyons l'accord profond sous la diversité des formes, et parce que nous voyons aussi, en même temps, la raison d'être de ces formes multiples dans la variété des conditions auxquelles elles doivent être adaptées. Si l'étude des différentes doctrines traditionnelles a une très grande importance, c'est parce qu'elle permet de constater cette concordance que nous affirmons ici ; mais il ne saurait s'agir de tirer de cette étude une doctrine nouvelle, ce qui, loin d'être conforme à l'esprit traditionnel, lui serait absolument contraire. Sans doute, quand les éléments d'un certain ordre font défaut comme c'est le cas dans l'Occident actuel pour tout ce qui est purement métaphysique, il faut bien les chercher ailleurs, là où ils se trouvent ; mais il ne faut pas oublier que la métaphysique est essentiellement universelle, de sorte que ce n'est pas la même chose que s'il était question d'éléments se référant à un ordre particulier. En outre, l'expression orientale n'aurait jamais à être assimilée que par l'élite, qui devrait ensuite faire œuvre d'adaptation ; et la connaissance des doctrines de l'orient permettrait, par un emploi judicieux de l'analogie, de restaurer la tradition occidentale elle-même dans son intégralité, comme elle peut permettre de comprendre les civilisations disparues : ces deux cas sont tout à fait comparables, puisqu'il faut bien admettre que, pour la plus grande partie, la tradition occidentale est présentement perdue.

Là où nous envisageons une synthèse d'ordre transcendant comme le seul point de départ possible de toutes les réalisations ultérieures, certains s'imaginent qu'il ne peut être question que d'un « syncrétisme » plus on moins confus ; pourtant, ce sont là des choses qui n'ont rien de commun, qui n'ont pas le moindre rapport entre elles. De même, il en est qui ne peuvent pas entendre prononcer le mot d'« ésotérisme » (dont nous n'abusons pas, on en conviendra) sans penser immédiatement à l'occultisme ou à d'autres choses du même genre, dans lesquelles il n'y a pas trace de véritable ésotérisme ; il est incroyable que les prétentions les plus injustifiées soient si facilement admises par ceux mêmes qui auraient le plus grand intérêt à les réfuter ; le seul moyen efficace de combattre l'occultisme, c'est de montrer qu'il n'a rien de sérieux, qu'il n'est qu'une invention toute moderne, et que l'ésotérisme, au vrai sens de ce mot, est tout autre chose que cela en réalité. Il en est aussi qui, par une autre confusion, croient pouvoir traduire « ésotérisme » par « gnosticisme » ; ici, il s'agit de conceptions authentiquement plus anciennes, mais l'interprétation n'en est pas pour cela plus exacte ni plus juste. Il est assez difficile de savoir aujourd'hui d'une manière précise ce que furent les doctrines assez variées qui sont réunies sous cette bien des distinctions à faire ; mais, dans l'ensemble, il apparaît qu'il y eut là des idées orientales plus ou moins défigurées, probablement mal comprises par les Grecs, et revêtues de formes imaginatives qui ne sont guère compatibles avec la pure intellectualité ; on peut assurément trouver sans peine des choses plus dignes d'intérêt, moins mélangées d'éléments hétéroclites, d'une valeur beaucoup moins douteuse et d'une signification beaucoup plus sûre. Ceci nous amène à dire quelques mots en ce qui concerne la période alexandrine en général : que les Grecs se soient trouvés alors en contact assez direct avec l'Orient, et que leur esprit se soit ouvert ainsi à des conceptions auxquelles il était resté fermé jusque là, cela ne nous paraît pas contestable ; mais, malheureusement, le résultat semble être demeuré beaucoup plus près du « syncrétisme » que de la véritable synthèse. Nous ne voudrions pas déprécier outre mesure des doctrines comme celles des néo-platoniciens, qui sont, en tout cas, incomparablement supérieures à toutes les productions de la philosophie moderne ; mais enfin il vaut mieux remonter directement à la source orientale que de passer par des intermédiaires quelconques, et, de plus, cela a l'avantage d'être beaucoup plus facile, puisque les civilisations orientales existent toujours, tandis que la civilisation grecque n'a réellement pas eu de continuateurs. Quand on connaît les doctrines orientales, on peut s'en servir pour mieux comprendre celles des néo-platoniciens, et même des idées plus purement grecques que celles-là, car, malgré des différences considérables, l'Occident était alors bien plus rapproché de l'Orient qu'il ne l'est aujourd'hui ; mais il ne serait pas possible de faire l'inverse, et, en voulant aborder l'Orient par la Grèce, on s'exposerait à bien des erreurs. Du reste, pour suppléer à ce qui manque à l'Occident, on ne peut s'adresser qu'à ce qui a conservé une existence effective ; il ne s'agit point de faire de l'archéologie, et les choses que nous envisageons ici n'ont rien à voir avec des amusements d'érudits ; si la connaissance de l'antiquité peut y jouer un rôle, ce n'est que dans la mesure où elle aidera à comprendre vraiment certaines idées, et où elle apportera encore la confirmation de cette unité doctrinale où se rencontrent toutes les civilisations, à l'exception de la seule civilisation moderne, qui, n'ayant ni doctrine ni principes, est en dehors des voies normales de l'humanité.

Si l'on ne peut admettre aucune tentative de fusion entre des doctrines différentes, il ne peut pas davantage être question de la substitution d'une tradition à une autre ; non seulement la multiplicité des formes traditionnelles n'a aucun inconvénient, mais elle a au contraire des avantages très certains ; alors même que ces formes sont pleinement équivalentes au fond, chacune d'elles a sa raison d'être, ne serait-ce que parce qu'elle est mieux appropriée que toute autre aux conditions d'un milieu donné. La tendance à tout uniformiser procède, comme nous l'avons dit, des préjugés égalitaires ; vouloir l'appliquer ici, ce serait donc faire à l'esprit moderne une concession qui, même involontaire, n'en serait pas moins réelle, et qui ne pourrait avoir que des conséquences déplorables. Ce n'est que si l'Occident se montrait définitivement impuissant à revenir à une civilisation normale qu'une tradition étrangère pourrait lui être imposée ; mais alors il n'y aurait pas fusion, puisque rien de spécifiquement occidental ne subsisterait plus ; et il n'y aurait pas substitution non plus, car, pour en arriver à une telle extrémité, il faudrait que l'Occident eût perdu jusqu'aux derniers vestiges de l'esprit traditionnel, à l'exception d'une petite élite sans laquelle, ne pouvant même recevoir cette tradition étrangère, il s'enfoncerait inévitablement dans la pire barbarie. Mais, nous le répétons, il est encore permis d'espérer que les choses n'iront pas jusqu'à ce point, que l'élite pourra se constituer pleinement et accomplir son rôle jusqu'au bout, de telle façon que l'Occident ne soit pas seulement sauvé du chaos et de la dissolution, mais qu'il retrouve les principes et les moyens d'un développement qui lui soit propre, tout en étant en harmonie avec celui des autres civilisations.

Quant au rôle de l'Orient en tout cela, résumons-le encore, pour plus de clarté, d'une manière aussi précise que possible ; nous pouvons distinguer aussi, sous ce rapport, la période de constitution de l'élite et sa période d'action effective. Dans la première, c'est par l'étude des doctrines orientes, plus que par tout autre moyen, que ceux qui seront appelés à faire partie de cette élite pourront acquérir et développer en eux-mêmes la pure intellectualité, puisqu'ils ne sauraient la trouver en Occident ; ce n'est que par là également qu'ils pourront apprendre ce qu'est, dans ses divers éléments, une civilisation traditionnelle, car une connaissance aussi directe que possible est seule valable en pareil cas, à l'exclusion de tout savoir simplement « livresque », qui, par lui-même, n'est pas utilisable pour le but que nous envisageons. Pour que l'étude des doctrines orientales soit ce qu'elle doit être, il est nécessaire que certaines individualités servent d'intermédiaires, ainsi que nous l'avons expliqué, entre les détenteurs de ces doctrines et l'élite occidentale en formation ; c'est pourquoi nous parlons seulement, pour cette dernière, d'une connaissance aussi directe que possible, et non absolument directe, pour commencer tout au moins. Mais ensuite, quand un premier travail d'assimilation aurait été ainsi accompli, rien ne s'opposerait à ce que l'élite elle-même (puisque c'est d'elle que devrait venir l'initiative) fît appel, d'une façon plus immédiate, aux représentants des traditions orientales ; et ceux-ci, se trouvant intéressés au sort de l'Occident par la présence même de cette élite, ne manqueraient pas de répondre à cet appel, car la seule condition qu'ils exigent, c'est la compréhension (et cette condition unique est d'ailleurs imposée par la force des choses) ; nous pouvons affirmer que nous n'avons jamais vu aucun Oriental persister à s'enfermer dans sa réserve habituelle lorsqu'il se trouve en face de quelqu'un qu'il juge susceptible de le comprendre. C'est dans la seconde période que l'appui des Orientaux pourrait se manifester ainsi effectivement ; nous avons dit pourquoi cela supposait l'élite déjà constituée, c'est-à-dire, en somme, une organisation occidentale capable d'entrer en relations avec les organisations orientales qui travaillent dans l'ordre intellectuel pur, et de recevoir de celles-ci, pour son action, l'aide que peuvent procurer des forces accumulées depuis un temps immémorial. En pareil cas, les Orientaux seront toujours, pour les Occidentaux, des guides et des « frères aînés » ; mais l'Occident, sans prétendre à traiter avec eux d'égal à égal, n'en méritera pas moins d'être considéré comme une puissance autonome dès lors qu'il possédera une telle organisation ; et la répugnance profonde des Orientaux pour tout ce qui ressemble à du prosélytisme sera pour son indépendance une garantie suffisante. Les Orientaux ne tiennent nullement à s'assimiler l'Occident, et ils préféreront toujours de beaucoup favoriser un développement occidental conforme aux principes, pour peu qu'ils en voient la possibilité ; cette possibilité, c'est précisément à ceux qui feront partie de l'élite qu'il appartient de la leur montrer, en prouvant par leur propre exemple que la déchéance intellectuelle de l'Occident n'est pas irrémédiable. Il s'agit donc non d'imposer à l'Occident une tradition orientale, dont les formes ne correspondent pas à sa mentalité, mais de restaurer une tradition occidentale avec l'aide de l'Orient : aide indirecte d'abord, directe ensuite, ou, si l'on veut, inspiration dans la première période, appui effectif dans la seconde. Mais ce qui n'est pas possible pour la généralité des Occidentaux doit l'être pour l'élite : pour que celle-ci puisse réaliser les adaptations nécessaires, il faut d'abord qu'elle ait pénétré et compris les formes traditionnelles qui existent ailleurs ; il faut aussi qu'elle aille au delà de toutes les formes, quelles qu'elles soient, pour saisir ce qui constitua l'essence de toute tradition. Et c'est par là que, lorsque l'Occident sera de nouveau en possession d'une civilisation régulière et traditionnelle, le rôle de l'élite devra encore se poursuivre : elle sera alors ce par quoi la civilisation occidentale communiquera d'une façon permanente avec les autres civilisations, car une telle communication ne peut s'établir et se maintenir que par ce qu'il y a de plus élevé en chacune d'elles ; pour n'être pas simplement accidentelle, elle suppose la présence d'hommes qui soient, en ce qui les concerne, dégagés de toute forme particulière, qui aient la pleine conscience de ce qu'il y a derrière les formes, et qui, se plaçant dans le domaine des principes les plus transcendants, puissent participer indistinctement à toutes les traditions. En d'autres termes, il faudrait que l'Occident parvînt finalement à avoir des représentante dans ce qui est désigné symboliquement comme le « centre du monde » ou par toute autre expression équivalente (ce qui ne doit pas être entendu littéralement comme indiquant un lieu déterminé, quel qu'il puisse être) ; mais, ici, il s'agit de choses trop lointaines, trop inaccessibles présentement et sans doute pour bien longtemps encore, pour qu'il puisse être vraiment utile d'y insister.

Maintenant, puisqu'il faut, pour réveiller l'intellectuaité occidentale, commencer par l'étude des doctrines de l'Orient (nous parlons d'une étude vraie et profonde, avec tout ce qu'elle comporte quant au développement personnel de ceux qui s'y livrent, et non d'une étude extérieure et superficielle à la manière des orientalistes), nous devons indiquer les motifs pour lesquels il convient, d'une façon générale, de s'adresser à telle de ces doctrines de préférence aux autres. On pourrait, en effet, se demander pourquoi nous prenons pour point d'appui principal l'Inde plutôt que la Chine, ou encore pourquoi nous ne regardons pas comme plus avantageux de nous baser sur ce qui est le plus proche de l'Occident, c'est-à-dire sur le côté ésotérique de la doctrine islamique. Nous nous bornerons d'ailleurs à considérer ces trois grandes divisions de l'Orient ; tout le reste est, ou de moindre importance, ou, comme les doctrines thibétaines, tellement ignoré des Européens qu'il serait bien difficile de leur en parler d'une façon intelligible avant qu'ils aient compris des choses moins totalement étrangères à leur manière habituelle de penser. Pour ce qui est de la Chine, il y a des raisons similaires de ne pas s'y attacher en premier lieu : les formes par lesquelles s'expriment ses doctrines sont vraiment trop loin de la mentalité occidentale, et les méthodes d'enseignement qui y sont en usage sont de nature à décourager promptement les mieux doués des Européens ; bien peu nombreux seraient ceux qui pourraient résister à un travail entrepris suivant de semblables méthodes, et, s'il y a lieu assurément d'envisager en tout cas une sélection fort rigoureuse, il faut cependant éviter autant que possible les difficultés qui ne tiendraient qu'à des contingences, et qui proviendraient plutôt du tempérament inhérent à la race que d'un défaut réel de facultés intellectuelles. Les formes d'expression des doctrines hindoues, tout en étant encore extrêmement différentes de toutes celles auxquelles est habituée la pensée occidentale, sont relativement plus assimilables, et elles réservent de plus larges possibilités d'adaptation ; nous pourrions dire que, pour ce dont il s'agit, l'Inde, occupant une position moyenne dans l'ensemble oriental, n'est ni trop loin ni trop près de l'Occident. En effet, il y aurait aussi, à se baser sur ce qui en est plus rapproché, des inconvénients qui, pour être d'un autre ordre que ceux que nous signalions tout à l'heure, n'en seraient pas moins assez graves ; et peut-être n'y aurait-il pas beaucoup d'avantages réels pour les compenser, car la civilisation islamique est à peu près aussi mal connue des Occidentaux que les civilisations plus orientales, et surtout sa partie métaphysique, qui est celle qui nous intéresse ici, leur échappe entièrement. Il est vrai que cette civilisation islamique, avec ses deux faces ésotérique et exotérique, et avec la forme religieuse que revêt cette dernière, est ce qui ressemble le plus à ce que serait une civilisation traditionnelle occidentale ; mais la présence même de cette forme religieuse, par laquelle l'Islam tient en quelque sorte de l'Occident, risque d'éveiller certaines susceptibilités qui, si peu justifiées qu'elles soient au fond, ne seraient pas sans danger : ceux qui sont incapables de distinguer entre les différent domaines croiraient faussement à une concurrence sur le terrain religieux ; et il y a certainement, dans la masse occidentale (où nous comprenons la plupart des pseudo-intellectuels), beaucoup plus de haine à l'égard de tout ce qui est islamique qu'en ce qui concerne le reste de l'Orient. La peur entre pour une bonne part dans les mobiles de cette haine, et cet état d'esprit n'est dû qu'à l'incompréhension, mais, tant qu'il existe, la plus élémentaire prudence exige qu'on en tienne compte dans une certaine mesure ; l'élite en voie de constitution aura bien assez à faire pour vaincre l'hostilité à laquelle elle se heurtera forcément de divers côtés, sans l'accroître inutilement en donnant lieu à de fausses suppositions que la sottise et la malveillance combinées ne manqueraient pas d'accréditer ; il y en aura probablement de toute façon, mais, lorsqu'on peut les prévoir, il vaut mieux faire en sorte qu'elles ne se produisent pas, si du moins la chose est possible sans entraîner d'autres conséquences encore plus fâcheuses. C'est pour cette raison qu'il ne nous parait pas opportun de s'appuyer principalement sur l'ésotérisme islamique ; mais, naturellement, cela n'empêche pas que cet ésotérisme, étant d'essence proprement métaphysique, offre l'équivalent de ce qui se trouve dans les autres doctrines ; il ne s'agit donc en tout ceci, nous le répétons, que d'une simple question d'opportunité, qui ne se pose que parce qu'il convient de se placer dans les conditions les plus favorables, et qui ne met pas en jeu les principes mêmes.

Du reste, si nous prenons la doctrine hindoue pour centre de l'étude dont il s'agit, cela ne veut pas dire que nous entendions nous y référer exclusivement ; il importe au contraire de faire ressortir, à son occasion, et chaque fois que les circonstances s'y prêteront, la concordance et l'équivalence de toutes les doctrines métaphysiques. Il faut montrer que, sous des expressions diverses, il y a des conceptions qui sont identiques, parce qu'elles correspondent à la même vérité ; il y a même parfois des analogies d'autant plus frappantes qu'elles portent sur des points très particuliers, et aussi une certaine communauté de symboles entre des traditions différentes ; ce sont là des choses sur lesquelles on ne saurait trop attirer l'attention, et ce n'est point faire du « syncrétisme » ou de la « fusion » que de constater ces ressemblances réelles, cette sorte de parallélisme qui existe entre toutes les civilisations pourvues d'un caractère traditionnel, et qui ne peut étonner que les hommes qui ne croient à aucune vérité transcendante, à la fois extérieure et supérieure aux conceptions humaines. Pour notre part, nous ne pensons pas que des civilisations comme celles de l'Inde et de la Chine aient dû nécessairement communiquer entre elles d'une façon directe au cours de leur développement ; cela n'empêche pas que, à côté de différences très nettes qui s'expliquent par les conditions ethniques et autres, elles présentent des similitudes remarquables ; et nous ne parlons pas ici de l'ordre métaphysique, où l'équivalence est toujours parfaite et absolue, mais des applications à l'ordre des contingences. Naturellement, il faut toujours réserver ce qui peut appartenir à la « tradition primordiale » ; mais, celle-ci étant, par définition, antérieure au développement spécial des civilisations en question, son existence ne leur enlève rien de leur indépendance. Du reste, il faut considérer la « tradition primordiale » comme concernant essentiellement les principes ; or, sur ce terrain, il y a toujours eu une certaine communication permanente, établie de l'intérieur et par en haut, ainsi que nous l'indiquions tout à l'heure ; mais cela non plus n'affecte pas l'indépendance des différentes civilisations. Seulement, quand on se trouve en présence de certains symboles qui sont les mêmes partout, il est évident qu'il faut y reconnaître une manifestation de cette unité traditionnelle fondamentale, si généralement méconnue de nos jours, et que les « scientistes » s'acharnent à nier comme une chose particulièrement gênante ; de telles rencontres ne peuvent être fortuites, d'autant plus que les modalités d'expression sont, en elles-mêmes, susceptibles de varier indéfiniment. En somme, l'unité, pour qui sait la voir, est partout sous la diversité ; elle y est comme conséquence de l'universalité des principes : que la vérité s'impose pareillement à des hommes qui n'ont entre eux aucune relation immédiate, ou que des rapports intellectuels effectifs se maintiennent entre les représentants de civilisations diverses, c'est toujours par cette universalité que l'une et l'autre chose sont rendues possibles ; et, si elle n'était consciemment assentie par quelques-uns au moins, il ne saurait y avoir d'accord vraiment stable et profond. Ce qu'il y a de commun à toute civilisation normale, ce sont les principes ; si on les perdait de vue, il ne resterait guère à chacune que les caractères particuliers par lesquels elle se différencie des autres, et les ressemblances mêmes deviendraient purement superficielles, puisque leur véritable raison d'être serait ignorée. Ce n'est pas qu'on ait absolument tort d'invoquer, pour expliquer certaines ressemblances générales, l'unité de la nature humaine ; mais on le fait ordinairement d'une façon très vague et tout à fait insuffisante, et d'ailleurs les différences mentales sont bien plus grandes et vont beaucoup plus loin que ne peuvent le supposer ceux qui ne connaissent qu'un seul type d'humanité. Cette unité même ne peut être nettement comprise et recevoir sa pleine signification sans une certaine connaissance des principes, en dehors de laquelle elle est quelque peu illusoire ; la vraie nature de l'espèce et sa réalité profonde sont des choses dont un empirisme quelconque ne saurait rendre compte.

Mais revenons à la question qui nous a conduit à ces considérations : il ne saurait s'agir en aucune façon de se « spécialiser » dans l'étude de la doctrine hindoue, puisque l'ordre de l'intellectualité pure est ce qui échappe à toute spécialisation. Toutes les doctrines qui sont métaphysiquement complètes sont pleinement équivalentes, et nous pouvons même dire qu'elles sont nécessairement identiques au fond ; il n'y a donc qu'à se demander quelle est celle qui présente les plus grands avantages quant à l'exposition, et nous pensons que, d'une manière générale, c'est la doctrine hindoue ; c'est pour cela, et pour cela seulement, que nous la prenons comme base. Si pourtant il arrive que certains points soient traités par d'autres doctrines sous une forme paraissant plus assimilable, il n'y a évidemment aucun inconvénient à y recourir ; c'est même là encore un moyen de rendre manifeste cette concordance dont nous venons de parler. Nous irons plus loin : la tradition, au lieu d'être un obstacle aux adaptations exigées par les circonstances, a toujours fourni au contraire le principe adéquat de toutes celles qui ont été nécessaires, et ces adaptations sont absolument légitimes, dès lors qu'elles se maintiennent dans la ligne strictement traditionnelle, dans ce que nous avons appelé aussi l'« orthodoxie ». Si donc de nouvelles adaptations sont requises, ce qui est d'autant plus naturel qu'on a affaire à un milieu différent, rien ne s'oppose à ce qu'on les formule en s'inspirant de celles qui existent déjà, mais en tenant compte aussi des conditions mentales de ce milieu, pourvu qu'on le fasse avec la prudence et la compétence voulues, et qu'on ait d'abord compris profondément l'esprit traditionnel avec tout ce qu'il comporte ; c'est ce que l'élite intellectuelle devra faire tôt ou tard, pour tout ce dont il sera impossible de retrouver une expression occidentale antérieure. On voit combien cela est éloigné du point de vue de l'érudition : la provenance d'une idée ne nous intéresse pas en elle-même, car cette idée, dès lors qu'elle est vraie, est indépendante des hommes qui l'ont exprimée sous telle ou telle forme ; les contingences historiques n'ont pas à intervenir là-dedans. Seulement, comme nous n'avons pas la prétention d'avoir atteint par nous-même et sans aucune aide les idées que nous savons être vraies, nous estimons qu'il est bon de dire par qui elles nous ont été transmises, d'autant plus que nous indiquons ainsi à d'autres de quel côté ils peuvent se diriger pour les trouver également ; et, en fait, c'est aux Orientaux exclusivement que nous devons ces idées. Quant à la question d'ancienneté, si on ne la considère qu'historiquement, elle n'est pas non plus d'un intérêt capital ; c'est seulement quand on la rattache à l'idée de tradition qu'elle prend un tout autre aspect, mais alors, si l'on comprend ce qu'est vraiment la tradition, cette question se résout d'une façon immédiate, parce qu'on sait que tout se trouvait impliqué en principe, dès l'origine, dans ce qui est l'essence même de la doctrine, et qu'il n'y avait dès lors qu'à l'en tirer par un développement qui, pour le fond, sinon pour la forme, ne saurait comporter aucune innovation. Sans doute, une certitude de ce genre n'est guère communicable ; mais, si certains la possèdent, pourquoi d'autres n'y parviendraient-ils pas tout aussi bien pour leur propre compte, surtout si les moyens leur en sont fournis dans toute la mesure où ils peuvent d'être ? La « chaîne de la tradition » se renoue parfois d'une manière bien inattendue ; et il est des hommes qui, tout en croyant avoir conçu spontanément certaines idées, ont pourtant reçu une aide qui, pour n'avoir pas été consciemment sentie par eux, n'en a pas moins été efficace ; à plus forte raison une telle aide ne doit-elle pas faire défaut à ceux qui se mettent expressément dans les dispositions voulues pour l'obtenir. Bien entendu, nous ne nions point ici la possibilité de l'intuition intellectuelle directe, puisque nous prétendons au contraire qu'elle est absolument indispensable et que, sans elle, il n'y a pas de conception métaphysique effective ; mais il faut y être préparé, et, quelles que soient les facultés latentes d'un individu, nous doutons qu'il puisse les développer par ses seuls moyens ; tout au moins faut-il une circonstance quelconque qui soit l'occasion de ce développement. Cette circonstance, indéfiniment variable selon les cas particuliers, n'est jamais fortuite qu'en apparence ; en réalité, elle est suscitée par une action dont les modalités, bien qu'échappant forcément à toute observation extérieure, peuvent être pressenties par ceux qui comprennent que la « postérité spirituelle » est autre chose qu'un vain mot. Cependant, il importe de dire que les cas de cette sorte sont toujours exceptionnels, et que, s'ils se produisent en l'absence de toute transmission continue et régulière l'effectuant par un enseignement traditionnel organisé (on pourrait en trouver quelques exemples en Europe, ainsi qu'au Japon), ils ne peuvent jamais suppléer entièrement à cette absence, d'abord parce qu'ils sont rares et dispersés, et ensuite parce qu'ils aboutissent à l'acquisition de connaissances qui, quelle que soit leur valeur, ne sont jamais que fragmentaires ; encore faut-il ajouter que les moyens de coordonner et d'exprimer ce qui est conçu de cette façon ne peuvent être fournis en même temps, et qu'ainsi le profit en demeure presque exclusivement personnel . C'est déjà quelque chose, assurément, mais il ne faut pas oublier que, même au point de vue de ce profit personnel, une réalisation partielle et incomplète, comme celle qui peut être obtenue en pareil cas, n'est qu'un faible résultat en comparaison de la véritable réalisation métaphysique que toutes les doctrines orientales assignent à l'homme comme son but suprême (et qui, disons-le en passant, n'a absolument rien à voir avec le « sommeil quiétiste », interprétation bizarre que nous avons rencontrée quelque part, et qui ne se justifie certainement par rien de ce que nous en avons dit). De plus là où la réalisation n'a pas été précédée d'une préparation théorique suffisante, de multiples confusions peuvent se produire, et il y a toujours la possibilité de s'égarer dans quelqu'un de ces domaines intermédiaires où l'on n'est point garanti contre l'illusion ; c'est seulement dans le domaine de la métaphysique pure que l'on peut avoir une telle garantie, qui, étant acquise une fois pour toutes, permet ensuite d'aborder sans danger n'importe quel autre domaine, ainsi que nous l'avons indiqué précédemment.

La vérité de fait peut paraître presque négligeable au regard de la vérité des idées ; cependant, même dans l'ordre des contingences, il y a des degrés à observer, et il y a une manière d'envisager les choses, en les rattachant aux principes, qui leur confère une tout autre importance que celle qu'elles ont par elles-mêmes ; ce que nous avons dit des « sciences traditionnelles » doit suffire à le faire comprendre. Il n'est point besoin de s'embarrasser de questions de chronologie, qui sont souvent insolubles, au moins par les méthodes ordinaires de l'histoire ; mais il n'est pas indifférent de savoir que telles idées appartiennent à une doctrine traditionnelle, et même que telle façon de les présenter a un caractère également traditionnel ; nous pensons qu'il n'est pas nécessaire d'y insister davantage après toutes les considérations que nous avons déjà exposées. En tout cas, si la vérité de fait, qui est l'accessoire, ne doit pas faire perdre de vue la vérité des idées, qui est l'essentiel, on aurait tort de se refuser à tenir compte des avantages supplémentaires qu'elle peut apporter, et qui, pour être contingents comme elle, ne sont pourtant pas toujours à dédaigner. Savoir que certaines idées nous ont été fournies par les Orientaux, c'est là une vérité de fait ; cela importe moins que de comprendre ces idées et de reconnaître qu'elles sont vraies en soi ; et, si elles nous étaient venues d'ailleurs, nous n'y verrions point une raison de les écarter *a priori* ; mais, puisque nous n'avons trouvé nulle part en Occident l'équivalent de ces idées orientales, nous estimons qu'il convient de le dire. Assurément, on pourrait se faire un succès facile en présentant certaines conceptions comme si on les avait en quelque sorte créées de toutes pièces, et en dissimulant leur origine réelle ; mais ce sont là des procédés que nous ne saurions admettre, et, de plus, cela reviendrait pour nous à enlever à ces conceptions leur véritable portée et leur autorité, car on les réduirait ainsi à n'être en apparence qu'une « philosophie », alors qu'elles sont tout autre chose en réalité ; nous touchons ici, une fois de plus, à la question de l'individuel et de l'universel, qui est au fond de toutes les distinctions de ce genre. Mais restons, pour le moment, sur le terrain des contingences : en déclarant hautement que c'est en Orient que la connaissance intellectuelle pure peut être obtenue, tout en s'efforçant en même temps de réveiller l'intellectualité occidentale, on prépare, de la seule manière qui soit efficace, le rapprochement de l'Orient et de l'Occident ; et nous espérons qu'on aura compris pourquoi cette possibilité ne doit pas être négligée, puisque c'est à cela que tend principalement tout ce que nous avons dit ici. La restauration d'une civilisation normale en Occident peut n'être qu'une contingence ; mais, encore une fois, est-ce une raison pour s'en désintéresser totalement, même si l'on est métaphysicien avant tout ? Et d'ailleurs, outre l'importance propre que des choses comme celle-là ont dans leur ordre relatif, elles peuvent être le moyen de réalisations qui ne sont plus du domaine contingent, et qui, pour tous ceux qui y participeront directement ou même indirectement, auront des conséquences devant lesquelles toute chose transitoire s'efface et disparaît. Il y a à tout cela des raisons multiples, dont les plus profondes ne sont peut-être pas celles sur lesquelles nous avons insisté le plus, parce que nous ne pouvions songer à exposer présentement les théories métaphysiques (et même cosmologiques en certains cas, par exemple en ce qui concerne les « lois cycliques ») sans lesquelles elles ne peuvent être pleinement comprises ; nous avons l'intention de le faire dans d'autres études qui viendront en leur temps. Comme nous le disions au début, il ne nous est pas possible de tout expliquer à la fois ; mais nous n'affirmons rien gratuitement, et nous avons conscience d'avoir du moins, à défaut de bien d'autres mérites, celui de ne parler jamais que de ce que nous connaissons. Si donc il en est qui s'étonnent de certaines considérations auxquelles ils ne sont pas habitués, qu'ils veuillent bien prendre la peine d'y réfléchir plus attentivement, et peut-être s'apercevront-ils alors que ces considérations, loin d'être inutiles ou superflues, sont précisément parmi les plus importantes, ou que ce qui leur semblait à première vue s'écarter de notre sujet est au contraire ce qui s'y rapporte le plus directement. Il est en effet des choses qui sont liées entre elles d'une tout autre façon qu'on ne le pense d'ordinaire, et la vérité a bien des aspects que la plupart des Occidentaux ne soupçonnent guère ; aussi craindrions-nous plutôt, en toute occasion, de paraître trop limiter les choses par l'expression que nous en donnons que de laisser entrevoir de trop vastes possibilités.

CONCLUSION

Nous pourrions presque nous dispenser d'ajouter, à l'exposé qui précède, une conclusion qui nous semble s'en dégager assez nettement, et dans laquelle nous ne pourrions guère faire autre chose que de répéter, sous une forme plus ou moins résumée, un certain nombre de considérations que nous avons déjà développées en y insistant suffisamment pour en faire ressortir toute l'importance. Nous pensons en effet, avoir montré aussi clairement et aussi explicitement que possible quels sont les principaux préjugés qui éloignent présentement l'Occident de l'Orient ; et, s'ils l'en éloignent, c'est parce qu'ils sont opposés à la véritable intellectualité, que l'Orient a conservée intégralement, tandis que l'Occident est arrivé à en perdre toute notion, si vague et si confuse qu'elle soit. Ceux qui auront compris cela auront saisi également, par là même, le caractère « accidentel », dans tous les sens divers que possède ce mot, de la divergence de l'Occident par rapport à l'Orient ; le rapprochement de ces deux parties de l'humanité et le retour de l'Occident à une civilisation normale ne sont, en somme, qu'une seule et même chose, et c'est bien là ce qui fait le plus grand intérêt de ce rapprochement dont nous avons envisagé la possibilité pour un avenir plus ou moins éloigné. Ce que nous appelons une civilisation normale, c'est une civilisation qui repose sur des principes, au vrai sens de ce terme, et où tout est ordonné et hiérarchisé en conformité avec ces principes, de telle sorte que tout y apparaît comme l'application et le prolongement d'une doctrine purement intellectuelle ou métaphysique en son essence ; c'est ce que nous voulons dire aussi quand nous parlons d'une civilisation traditionnelle. Qu'on n'aille pas croire, d'ailleurs, que la tradition puisse apporter la moindre entrave à la pensée, à moins qu'on ne prétende que ce soit limiter celle-ci que de l'empêcher de s'égarer, ce que nous ne pouvons admettre ; est-il permis de dire que l'exclusion de l'erreur soit une limitation de la vérité ? Rejeter des impossibilités, qui ne sont qu'un pur néant ce n'est point apporter des restrictions à la possibilité totale et universelle, nécessairement infinie ; l'erreur aussi n'est qu'une négation, une « privation » dans l'acception aristotélicienne de ce mot ; elle n'a, en tant qu'erreur (car il peut s'y trouver des parcelles de vérité incomprise), rien de positif, et c'est pourquoi on peut l'exclure sans faire aucunement preuve d'esprit systématique. La tradition, par contre, admet tous les aspects de la vérité ; elle ne s'oppose à aucune adaptation légitime ; elle permet, à ceux qui la comprennent, des conceptions autrement vastes que tous les rêves des philosophes qui passent pour les plus hardis, mais aussi autrement solides et valables ; enfin, elle ouvre à l'intelligence des possibilités illimitées comme la vérité elle-même.

Tout cela résulte immédiatement des caractères de la connaissance métaphysique, seule absolument illimitée en effet, parce qu'elle est de l'ordre universel ; et il nous paraît bon de revenir ici sur la question, que nous avons déjà traitée ailleurs, des rapports de la métaphysique et de la logique . Cette dernière, se référant aux conditions propres à l'entendement humain, est chose contingente ; elle est de l'ordre individuel et rationnel, et ce qu'on appelle ses principes, ce ne sont des principes que dans un sens relatif ; nous voulons dire qu'ils ne peuvent être comme ceux des mathématiques ou de toute autre science particulière, que l'application et la spécification des véritables principes dans un domaine déterminé. La métaphysique domine donc nécessairement la logique comme elle domine tout le reste ; ne pas le reconnaître, c'est renverser les rapports hiérarchiques qui sont inhérents à la nature des choses ; mais, si évident que cela nous paraisse, nous avons dû constater qu'il y a là quelque chose qui étonne beaucoup de nos contemporains. Ceux-ci ignorent totalement ce qui est de l'ordre métaphysique et « supra-individuel » ; ils ne connaissent que des choses qui appartiennent à l'ordre rationnel, y compris la « pseudo-métaphysique » des philosophes modernes ; et, dans cet ordre rationnel, la logique occupe effectivement le premier rang, tout le reste lui est subordonné. Mais la métaphysique vraie ne peut pas plus être dépendante de la logique que de n'importe quelle autre science ; l'erreur de ceux qui pensent le contraire provient de ce qu'ils ne conçoivent la connaissance que dans le domaine de la raison et n'ont pas le moindre soupçon de ce qu'est la connaissance intellectuelle pure. Cela, nous l'avons déjà dit ; et nous avons eu soin aussi de faire remarquer qu'il fallait distinguer entre la conception des vérités métaphysiques, qui, en soi, échappe à toute limitation individuelle, et leur exposition formulée, qui, dans la mesure où elle est possible, ne peut consister qu'en une sorte de traduction en mode discursif et rationnel ; si donc cette exposition prend une forme de raisonnement, une apparence logique et même dialectique, c'est que, étant donnée la constitution du langage humain, on ne pourrait rien dire sans cela ; mais ce n'est là qu'une forme extérieure, qui n'affecte aucunement les vérités dont il s'agît, puisqu'elles sont essentiellement supérieures à la raison. D'autre part, il y a deux façons très différentes d'envisager la logique : il y a la façon occidentale, qui consiste à la traiter en mode philosophique, et à s'efforcer de la rattacher à une conception systématique quelconque ; et il y a la façon orientale, c'est-à-dire la logique constituée comme une « science traditionnelle » et reliée aux principes métaphysiques, ce qui lui donne d'ailleurs, comme à toute autre science, une portée incomparablement plus grande. Il peut se faire, assurément, que les résultats semblent pratiquement les mêmes en bien des cas, mais la différence des deux points de vue n'en est nullement amoindrie ; on ne peut pas plus contester cela qu'on ne peut, de ce que les actions de divers individus se ressemblent extérieurement, conclure qu'elles ont été accomplies avec les mêmes intentions. Et voici où nous voulons en venir : la logique n'est pas, par elle-même, quelque chose qui présente un caractère spécialement « philosophique », puisqu'elle existe aussi là où l'on ne trouve pas le mode de pensée très particulier auquel cette dénomination convient proprement ; si les vérités métaphysiques peuvent, jusqu'à un certain point, et toujours sous la réserve de ce qu'elles contiennent d'inexprimable, être revêtues d'une forme logique, c'est la logique traditionnelle, non la logique philosophique, qui est apte à cet usage ; et comment pourrait-il en être autrement, alors que la philosophie est devenue telle qu'elle ne peut subsister qu'à la condition de nier la métaphysique vraie ? On doit voir par cette explication comment nous comprenons la logique : si nous employons une certaine dialectique, sans quoi il ne nous serait pas possible de parler de quoi que ce soit, on ne peut pas nous le reprocher comme une contradiction, car ce n'est point là, pour nous, faire de la philosophie. Du reste, lors même qu'il s'agit spécialement de réfuter les conceptions des philosophes, on peut être assuré que nous savons toujours conserver les distances exigées par la différence des points de vue : nous ne nous plaçons pas sur le même terrain, comme le font ceux qui critiquent ou combattent une philosophie au nom d'une autre philosophie ; ce que nous disons, nous le disons parce que les doctrines traditionnelles nous ont permis de comprendre l'absurdité ou l'inanité de certaines théories, et, quelles que soient les imperfections que nous y apportons inévitablement (et qui ne doivent être imputées qu'à nous-même), le caractère de ces doctrines est tel qu'il nous interdit toute compromission. Ce que nous avons de commun avec les philosophes, ce ne peut être que la dialectique ; mais celle-ci n'est, chez nous, qu'un instrument au service de principes qu'ils ignorent ; cette ressemblance même est donc tout extérieure et superficielle, comme celle que l'on peut consister parfois entre les résultats de la science moderne et ceux des « sciences traditionnelles ». A vrai dire, nous n'empruntons pas même en cela les méthodes des philosophes, car ces méthodes, dans ce qu'elles ont de valable, ne leur appartiennent pas en propre, mais représentent simplement quelque chose qui est la possession commune de tous les hommes, même de ceux qui sont le plus éloignés du point de vue philosophique ; la logique philosophique n'est qu'un amoindrissement de la logique traditionnelle, et celle-ci a la priorité sur celle-là. Si nous insistons ici sur cette distinction qui nous paraît essentielle, ce n'est pas pour notre satisfaction personnelle, mais parce qu'il importe de maintenir le caractère transcendant de la métaphysique pure, et parce que tout ce qui procède de celle-ci, même secondairement et dans un ordre contingent, reçoit comme une participation de ce caractère, qui en fait tout autre chose que les connaissances purement « profanes » du monde occidental. Ce qui caractérise un genre de connaissance et le différencie des autres, ce n'est pas seulement son objet, mais c'est surtout la façon dont cet objet est envisagé ; et c'est pourquoi des questions qui, par leur nature, pourraient avoir une certaine portée métaphysique, la perdent entièrement lorsqu'elles se trouvent incorporées à un système philosophique. Mais la distinction de la métaphysique et de la philosophie, qui est pourtant fondamentale, et que l'on ne doit jamais oublier si l'on veut comprendre quelque chose aux doctrines de l'Orient (puisqu'on ne peut échapper sans cela au danger des fausses assimilations), est tellement inusitée pour les Occidentaux que beaucoup ne peuvent arriver à la saisir : c'est ainsi que nous avons eu la surprise de voir affirmer çà et là que nous avions parlé de la « philosophie hindoue », alors que nous nous étions précisément appliqué à montrer que ce qui existe dans l'Inde est tout autre chose que de la philosophie ! Peut-être en sera-t-il encore de même pour ce que nous venons de dire au sujet de la logique, et, en dépit de toutes nos précautions, nous ne serions pas autrement étonné que, dans certains milieux, on nous fît grief de « philosopher » contre la philosophie, tandis que ce que nous faisons en réalité est pourtant quelque chose de tout différent. Si nous exposions par exemple une théorie mathématique, et s'il plaisait à quelqu'un de l'appeler « physique », nous n'aurions, certes, aucun moyen de l'en empêcher, mais tous ceux qui connaissent la signification des mots sauraient bien ce qu'ils doivent en penser ; quoiqu'il s'agisse là de notions moins courantes, les méprises que nous essayons de prévenir sont assez comparables à celle-là. S'il en est qui sont tentés de formuler certaines critiques basées sur de pareilles confusions, nous les avertissons qu'elles porteraient à faux, et, si nous arrivons à leur épargner ainsi quelques erreurs, nous en serions fort heureux ; mais nous ne pouvons rien faire de plus, car il n'est pas en notre pouvoir, ni d'ailleurs en celui de personne, de donner la compréhension à ceux qui n'en ont pas les moyens en eux-mêmes. Si donc ces critiques mal fondées se produisent malgré tout, nous aurons le droit de n'en tenir aucun compte ; mais, par contre, si nous nous apercevons que nous n'avons pas encore marqué certaines distinctions avec une netteté suffisante, nous y reviendrons jusqu'à ce que l'équivoque ne soit plus possible, ou que du moins elle ne puisse plus être attribuée qu'à un aveuglement incurable ou à une évidente mauvaise foi.

Il en est de même en ce qui concerne les moyens par lesquels l'Occident pourra se rapprocher de l'Orient en revenant à la véritable intellectualité : nous croyons que les considérations que nous avons exposées dans la présente étude sont propres à dissiper beaucoup de confusions à cet égard, ainsi que sur la façon dont nous envisageons l'état ultérieur du monde occidental, tel qu'il serait si les possibilités que nous avons en vue venaient à se réaliser un jour. Cependant, nous ne pouvons évidemment avoir la prétention de prévoir tous les malentendus ; s'il s'en présente qui aient une importance réelle, nous nous efforcerons toujours de les dissiper de même, et nous le ferons d'autant plus volontiers que ce peut être là une excellente occasion de préciser notre pensée sur certains points. En tout cas, nous ne nous laisserons jamais détourner de la ligne qui nous est tracée par tout ce que nous avons compris grâce aux doctrines traditionnelles de l'Orient ; nous nous adressons à ceux qui peuvent et veulent comprendre à leur tour, quels qu'ils soient et d'où qu'ils viennent, mais non à ceux que l'obstacle le plus insignifiant ou le plus illusoire suffit à arrêter, qui ont la phobie de certaines choses ou de certains mots, ou qui se croiraient perdus s'il leur arrivait de franchir certaines limitations conventionnelles et arbitraires. Nous ne voyons pas, en effet, quel parti l'élite intellectuelle pourrait tirer de la collaboration de ces esprits craintifs et inquiets ; celui qui n'est pas capable de regarder toute vérité en face, celui qui ne se sent pas la force de pénétrer dans la « grande solitude », suivant l'expression consacrée par la tradition extrême-orientale (et dont l'Inde aussi a l'équivalent), celui-là ne pourrait aller bien loin dans ce travail métaphysique dont nous avons parlé, et dont tout le reste dépend strictement. Il semble qu'il y ait, chez certains, comme un parti pris d'incompréhension ; mais, au fond, nous ne croyons pas que ceux qui ont des possibilités intellectuelles vraiment étendues soient sujets à ces vaines terreurs, car ils sont assez bien équilibrés pour avoir, presque instinctivement, l'assurance qu'ils ne courront jamais le risque de céder à aucun vertige mental ; cette assurance, il faut bien le dire, n'est pas pleinement justifiée tant qu'ils n'ont pas atteint un certain degré de développement effectif, mais le seul fait de la posséder, sans même s'en rendre compte très nettement, leur donne déjà un avantage considérable. Nous ne voulons pas, en cela, parler de ceux qui ont en eux-mêmes une confiance plus on moins excessive ; ceux dont il s'agit mettent en réalité, même s'ils ne le savent pas encore, leur confiance dans quelque chose de plus haut que leur individualité, parce qu'ils pressentent en quelque sorte ces états supérieurs dont la conquête totale et définitive peut être obtenue par la connaissance métaphysique pure. Quant aux autres, à ceux qui n'osent aller ni trop haut ni trop bas, c'est qu'ils ne peuvent voir au delà de certaines bornes, hors desquelles ils ne savent même plus distinguer le supérieur de l'inférieur, le vrai et le faux, le possible et l'impossible ; s'imaginant que la vérité doit être à leur mesure et se tenir à un niveau moyen, ils se trouvent à l'aise dans les cadres de l'esprit philosophique, et, alors même qu'ils se seront assimilé certaines vérités partielles, ils ne pourront jamais s'en servir pour étendre indéfiniment leur compréhension ; qu'elle soit due à leur propre nature ou seulement à l'éducation qu'ils ont reçue, la limitation de leur « horizon intellectuel » est désormais irrémédiable, de sorte que leur parti pris, si c'en est un, est vraiment involontaire, sinon tout à fait inconscient. Parmi ceux là, il en est assurément qui sont victimes du milieu où ils vivent, et c'est bien ce qu'il y a de plus regrettable ; leurs facultés, qui auraient pu avoir l'occasion de se développer dans une civilisation normale, ont été au contraire atrophiées et comprimées jusqu'à l'annihilation ; et, l'éducation moderne étant et qu'elle est, on en arrive à penser que les ignorants sont ceux qui ont le plus de chances d'avoir gardé intactes leurs possibilités intellectuelles. En comparaison des déformations mentales qui sont l'effet ordinaire de la fausse science, l'ignorance pure et simple nous apparaît véritablement comme un moindre mal ; et, bien que nous mettions la connaissance au-dessus de tout, ce n'est point là de notre part un paradoxe ni une inconséquence, car la seule connaissance vraiment digne de ce nom à nos yeux diffère entièrement de celle que cultivent les Occidentaux modernes. Et qu'on n'aille pas nous reprocher, sur ce point ou sur d'autres, une attitude trop intransigeante ; cette attitude nous est imposée par la pureté de la doctrine, par ce que nous avons appelé l'« orthodoxie » au sens intellectuel ; et, étant d'ailleurs exempte de tout préjugé, elle ne peut jamais nous conduire à être injuste à l'égard de quoi que ce soit. Nous admettons toute la vérité, sous quelque aspect qu'elle se présente ; mais, n'étant ni sceptique ni éclectique, nous ne pouvons admettre rien d'autre que la vérité.

Nous savons bien que notre point de vue n'est pas un de ceux où l'on se place habituellement en Occident, et que, par suite, il peut être assez difficile à comprendre du premier coup ; mais il va sans dire que nous ne demandons à personne de l'adopter sans examen. Ce que nous voulons, c'est seulement inciter à la réflexion ceux qui en sont encore capables ; chacun d'eux comprendra ce qu'il pourra, et, si peu que ce soit, ce sera toujours quelque chose ; du reste, nous supposons bien qu'il s'en trouvera quelques-uns qui iront plus loin. Ce que nous avons fait nous-même, il n'y a pas de raison, en somme, pour que d'autres ne le fassent pas aussi ; dans l'état actuel de la mentalité occidentale, ce ne seront sans doute que des exceptions, mais il suffit qu'il se rencontre de telles exceptions, même peu nombreuses, pour que nos prévisions soient justifiées et que les possibilités que nous indiquons soient susceptibles de se réaliser tôt ou tard. D'ailleurs, tout ce que nous ferons et dirons aura pour effet de donner, à ceux qui viendront ensuite, des facilités que nous n'avons pas trouvées pour notre propre compte ; en cela comme en toute autre chose, le plus pénible est de commencer le travail, et l'effort à accomplir doit être d'autant plus grand que les conditions sont plus défavorables. Que la croyance à la « civilisation » soit plus ou moins ébranlée chez des gens qui naguère n'auraient pas osé la discuter, que le « scientisme » soit actuellement en déclin dans certains milieux, ce sont là des circonstances qui peuvent peut-être nous aider quelque peu, parce qu'il en résulte une espèce d'incertitude qui permet aux esprits de s'engager sans autant de résistance dans des voies différentes ; mais c'est tout ce qu'il nous est possible d'en dire, et les tendances nouvelles que nous avons constatées jusqu'ici n'ont rien de plus encourageant que celles qu'elles essaient de supplanter. Rationalisme ou intuitionnisme, positivisme ou pragmatisme, matérialisme ou spiritualisme, « scientisme » ou « moralisme », ce sont là des choses qui, à notre point de vue, se valent exactement ; on ne gagne rien en passant de l'une à l'autre, et, tant qu'on ne s'en sera pas dégagé entièrement, on n'aura pas fait même le premier pas dans le domaine de la véritable intellectualité. Nous tenons à le déclarer expressément, comme nous tenons à redire une fois de plus que toute étude des doctrines orientales entreprise « de l'extérieur » est parfaitement inutile pour le but que nous avons en vue ce dont il s'agit a une tout autre portée et est d'un ordre autrement profond.

Enfin, nous ferons observer à nos contradicteurs éventuels que, si nous sommes tout à fait à l'aise pour apprécier en pleine indépendance les sciences et les philosophies de l'Occident, c'est que nous avons conscience de ne rien leur devoir ; ce que nous sommes intellectuellement, c'est à l'Orient seul que nous le devons, et ainsi nous n'avons derrière nous rien qui soit susceptible de nous gêner le moins du monde. Si nous avons étudié la philosophie, nous l'avons fait à un moment où nos idées étaient déjà complètement fixées sur tout l'essentiel, ce qui est probablement le seul moyen de ne recevoir de cette étude aucune influence fâcheuse ; et ce que nous avons vu alors n'a fait que confirmer très exactement tout ce que nous pensions antérieurement à l'égard de la philosophie. Nous savions n'avoir aucun bénéfice intellectuel à en attendre ; et, en fait, le seul avantage que nous en ayons retiré, c'est de mieux nous rendre compte des précautions nécessaires pour éviter les confusions, et des inconvénients qu'il peut y avoir à employer certaine termes qui risquent de faire naître des équivoques. Ce sont là des choses dont les Orientaux, parfois, ne se méfient pas assez ; et il y a dans cet ordre, bien des difficultés d'expression que nous n'aurions pas soupçonnées avant d'avoir eu l'occasion d'examiner de près le langage spécial de la philosophie moderne, avec toutes ses incohérences et toutes ses subtilités inutiles. Mais cet avantage n'en est un que pour l'exposition, en ce sens que, tout en nous forçant d'ailleurs à introduire des complications qui n'ont rien d'essentiel, cela nous permet de prévenir de nombreuses erreurs d'interprétation que commettraient trop facilement ceux qui ont l'habitude exclusive de la pensée occidentale ; pour nous personnellement, ce n'est nullement un avantage, puisque cela ne nous procure aucun savoir réel. Si nous disons ces choses, ce n'est point pour nous citer en exemple, mais pour apporter un témoignage dont ceux mêmes qui ne partageraient aucunement notre manière de voir ne pourront du moins suspecter la sincérité ; et, si nous insistons plus particulièrement sur notre indépendance absolue à l'égard de tout ce qui est occidental, c'est que cela peut contribuer aussi à faire mieux comprendre nos véritables intentions. Nous pensons avoir le droit de dénoncer l'erreur partout où elle se trouve, selon que nous jugeons opportun de le faire ; mais il est des querelles auxquelles nous ne voulons être mêlé à aucun prix, et nous estimons n'avoir point à prendre parti pour telle ou telle conception occidentale ; ce qui peut se rencontrer d'intéressant dans quelques-unes de celles-ci, nous sommes tout disposé à le reconnaître en toute impartialité, mais nous n'y avons jamais vu rien de plus ni d'autre qu'une très petite partie de ce que nous connaissions déjà par ailleurs, et, là où les mêmes choses sont envisagées de façons différentes, la comparaison n'a jamais été avantageuse pour les points de vue occidentaux. Ce n'est qu'après y avoir longuement réfléchi que nous nous sommes décidé à exposer des considérations comme celles qui font l'objet du présent ouvrage, et nous avons indiqué pourquoi il nous a paru nécessaire de le faire avant de développer des conceptions ayant un caractère plus proprement doctrinal, l'intérêt de ces dernières pouvant ainsi apparaître à des gens qui, autrement, n'y auraient pas prêté une attention suffisante, n'y étant aucunement préparés, et qui peuvent cependant être parfaitement capables de les comprendre.

Dans un rapprochement avec l'Orient, l'Occident a tout à gagner ; si l'Orient y a aussi quelque intérêt, ce n'est point un intérêt du même ordre, ni d'une importance comparable, et cela ne suffirait pas à justifier la moindre conception sur les choses essentielles ; d'ailleurs, rien ne saurait primer les droits de la vérité. Montrer à l'Occident ses défauts, ses erreurs et ses insuffisances, ce n'est point lui témoigner de l'hostilité, bien au contraire, puisque c'est la seule façon de remédier au mal dont il souffre, et dont il peut mourir s'il ne se ressaisit à temps. La tâche est ardue, certes, et non exempte de désagréments ; mais peu importe, si l'on est convaincu qu'elle est nécessaire ; que quelques-uns comprennent qu'elle l'est vraiment, c'est tout ce que nous souhaitons. Du reste, quand on l'a compris, on ne peut s'arrêter là, de même que, quand on s'est assimilé certaines vérités, on ne peut ni les perdre de vue ni se refuser à en accepter toutes les conséquences ; il y a des obligations qui sont inhérentes à toute vraie connaissance, et auprès desquelles tous les engagements extérieurs apparaissent vains et dérisoires ; ces obligations, précisément parce qu'elles sont purement intérieures, sont les seules dont on ne puisse jamais s'affranchir. Quand on a pour soi la puissance de la vérité, n'eût-on rien d'autre pour vaincre les plus redoutables obstacles, on ne peut céder au découragement, car cette puissance est telle que rien ne saurait prévaloir finalement contre elle ; il n'y a, pour en douter, que ceux qui ne savent pas que tous les déséquilibres partiels et transitoires doivent nécessairement concourir au grand équilibre total de l'univers.

ADDENDUM

Nul ne songera à contester que, depuis que ce livre a été écrit, la situation est devenue pire que jamais, non seulement en Occident, mais dans le monde entier, ce qui était d'ailleurs la seule chose à attendre à défaut d'un rétablissement de l'ordre dans le sens que nous avons indiqué, et, du reste, il va sans dire que nous n'avons jamais supposé qu'un tel rétablissement aurait pu s'effectuer dans un délai aussi court. Il n'en est pas moins vrai que le désordre est allé en s'aggravant plus rapidement encore qu'on aurait pu le prévoir, et il importe d'en tenir compte, bien que cela ne change rien aux conclusions que nous avons formulées.

En Occident, le désordre dans tous les domaines est devenu tellement évident que de plus en plus nombreux sont ceux qui commencent à mettre en doute la valeur de la civilisation moderne. Mais, bien que ce soit là, dans une certaine mesure, un signe assez favorable, le résultat ainsi atteint n'en demeure pas moins purement négatif ; beaucoup émettent d'excellentes critiques sur le présent état de choses, mais ils ne savent au juste quel remède lui appliquer, et rien de ce qu'ils suggèrent ne dépasse la sphère des contingences, de sorte que tout cela est manifestement sans aucune efficacité. Nous ne pouvons que redire que le seul remède véritable consiste dans une restauration de la pure intellectualité ; malheureusement, de ce point de vue, les chances d'une réaction venant de l'Occident lui-même semblent diminuer chaque jour davantage, car ce qui subsiste comme tradition en Occident est de plus en plus affecté par la mentalité moderne, et par conséquent d'autant moins capable de servir de base solide à une telle restauration, si bien que, sans écarter aucune des possibilités qui peuvent encore exister, il parait plus vraisemblable que jamais que l'Orient ait à intervenir plus ou moins directement, de la façon que nous avons expliquée, si cette restauration doit se réaliser quelque jour.

D'autre part, en ce qui concerne l'Orient, nous convenons que les ravages de la modernisation se sont considérablement étendus, du moins extérieurement ; dans les régions qui lui avaient le plus longtemps résisté, le changement paraît aller désormais à allure accélérée, et l'Inde elle-même en est un exemple frappant. Toutefois rien de tout cela n'atteint encore le cœur de la Tradition, ce qui seul importe à notre point de vue, et ce serait sans doute une erreur d'accorder une trop grande importance à des apparences qui peuvent n'être que transitoires ; en tout cas, il suffit que le point de vue traditionnel, avec tout ce qu'il implique, soit entièrement préservé en Orient dans quelque retraite inaccessible à l'agitation de notre époque. De plus, il ne faut pas oublier que tout ce qui est moderne, même en Orient, n'est en réalité rien d'autre que la marque d'un empiétement de la mentalité occidentale ; l'Orient véritable, le seul qui mérite vraiment ce nom, est et sera toujours l'Orient traditionnel, quand bien même ses représentants en seraient réduits à n'être plus qu'une minorité, ce qui, encore aujourd'hui, est loin d'être le cas. C'est cet Orient-là que nous avons en vue, de même qu'en parlant de l'Occident, nous avons en vue la mentalité occidentale, c'est-à-dire la mentalité moderne et antitraditionnelle, où qu'elle puisse se trouver, dès lors que nous envisageons avant tout l'opposition de ces deux points de vue et non pas simplement celle de deux termes géographiques.

Enfin, nous profiterons de cette occasion pour ajouter que nous sommes plus que jamais enclin à considérer l'esprit traditionnel, pour autant qu'il est encore vivant, comme demeuré intact uniquement dans ses formes orientales. Si l'Occident possède encore en lui-même les moyens de revenir à sa tradition et de la restaurer pleinement c'est à lui qu'il appartient de le prouver. En attendant, nous sommes bien obligé de déclarer que jusqu'ici nous n'avons pas aperçu le moindre indice qui nous autoriserait à supposer que l'Occident livré à lui-même soit réellement capable d'accomplir cette tâche, avec quelque force que s'impose à lui l'idée de sa nécessité.

FIN